もう68歳と思うのか、まだ68歳と考えるのか

小柳ルミ子

徳間書店

はじめに

18歳のとき、1970年にNHKの連続テレビ小説「虹」でデビューしてから、2020年で芸能生活50周年を迎えることができました。実は「わたしの城下町」で歌手デビューしたのは翌71年のこと。この楽曲でレコード大賞最優秀新人賞をいただいたので、みなさんにはそのイメージが強いかもしれません。

50年といえば半世紀です。18歳から68歳の今日までを長かったのか、あっという間だったのかと問われると、実感としてはまだよくわからないというのが本音です。とはいえ、これまで「○周年」的なことにあまり頓着してこなかった私も、50年という年月には、さすがに感慨深いものを感じざるを得ません。半世紀もの間、芸能界という厳しい世界を紆余曲折ありながらも生き抜いて、今では私を「大御所」などと言ってくださる方もいるだけになおさらです。

私は「○周年だから」と大々的に特別なことを打ち出すのは気が引けるというか、個人的に好きではありませんでした。実際にこれまでを振り返っても、あまり周年イベントをしたことがありません。しかし、さすがに50周年ともなれば、むしろその経験を生かして何かを伝えたり、残しておくべきではないかと、少しずつ考えが変わってきました。

「小柳ルミ子」という存在を知ってくださっている方はすでにご承知でしょうが、私はこれまでいいことも悪いことも本当にいろいろなことを経験してきました。うれしいことも楽しいことも、それ以上に辛いことも苦しいことも悲しいことも。特に逆境をいかに乗り越えてきたかという点は、我ながら自分をほめてあげたいぐらいです。

私は年齢を隠しません。2020年7月で68歳になりました。一般的にはすでにリタイアされている方も多い年齢でしょう。しかし私はこの年齢になっても、日々進化しているという実感があります。「老い」など感じている暇はありません。サッカーにどっぷりとハマり、分析を始めたのも50歳を過ぎてからです。

年齢を重ねるにつれ、若い頃には気づけなかったことがわかるようになってきました。いわゆる「年の功」を人生に生かさない手はありません。50年間の確固たる信念に「年の功」が加わるのですから、最近は年を取るということは決して悪いことばかりではないと感じています。

よく「元気でお若いですよね」と言われることがあります。当たり前です。ハッキリ言ってしまえば、それだけの努力をしています。たとえば、何の努力もしないで体型をキープしたり、健康を維持することなどできるはずがありません。

もっとも、それは禁欲的な努力ではなく、ほんのちょっとした努力でいいのです。私だってそれほどストイックな性格ではありません。ただただ50年間、少しずつ続けているだけのことです。そして、その50年間の学びや経験、気づきを伝えたいという思いが、本書を著わすきっかけにもなりました。

私は今、68歳です。「まだ68歳」と思うのか、「もう68歳」と考えるのかで、これからの生き方は大きく変わってきます。少なくとも私は「もう68歳」とは思っていません。まだまだこれからを楽しみたいし、興味のあることにはチャレンジします。

芸能界という異質な世界とはいえ、そこで得たことは私と同年代の方にはもちろん、これからの時代を担う若い方たちにも少なからず役に立つはずです。何よりちょっとでも前向きな気持ちになっていただければ、これにまさる喜びはありません。

小柳ルミ子

目次

第二章
かわいい後輩たちへ ルミ子先輩からの伝言

第一章

懸命に駆け抜けた
芸能界での50年間

歌手になることが宿命だった幼少期

私の母はもともと芸事や歌が大好きで、歌手になることを夢見ていました。しかし、母たちの時代は音楽学校を出ていないと歌手になることは難しく、貧しい家庭に生まれ育った母は、そんな余裕はとてもないと、泣く泣く断念したそうです。

そこで母は生まれてきた我が子に、つまり私に自分の夢を託しました。母がまず計画したのは、私を15歳で宝塚音楽学校に入れることです。

当時から宝塚音楽学校への入学は難関でした。受験内容は歌唱力だけでなく、立ち居振る舞いなどの礼儀作法も評価の対象となりますから、付け焼刃ではとうてい合格できません。それを見越していたのでしょう、母のしつけは尋常ではないほど厳しいものでした。あまりに容赦がないので、自分はもらわれてきた子なのではないかと思ったり、母と一緒に歩くことすらためらっていたほどです。

でも自分が社会に出てみて、さまざまな問題に直面したとき、どれほど母の教えに助けられたことか。あの厳しさこそが本当の愛情なんだと、今ではよくわかります。特に私の場合は、15歳までに人様に迷惑をかけず、独り立ちできる人間にするという期限がありましたから、しつけている母のほうがきっと辛かったことでしょう。

競争することで向上心が育ち成長する

宝塚音楽学校の合格を目指し、私は母に厳しくしつけられると同時に、幼少期から日本舞踊、クラシックバレエ、ジャズダンス、タップダンス、歌、ピアノ、三味線、習字と、八つものお稽古事に通いました。

お稽古事自体は決して嫌いではありませんでしたが、友だちと遊ぶ暇もありません。ときには、そんな生活を窮屈に感じました。特にピアノは好きになれず、しんどくなって家での練習をさぼったり、駄々をこねたこともあります。

当然、甘やかしてくれるはずもなく、猛烈に叱られます。ただ、母の叱り方は本当に上手でした。たとえばピアノの練習をサボったときは、ほうきでお尻を叩かれましたが、「悪い子だ」とヒステリックになるのではありません。ピアノを身につける必要性や、サボることはどうしていけないのかといったことをわかりやすく、きちんと幼い私に説明してくれました。そして、最後はいつも、「そんなにやめたいならやめてもいいんだよ、自分で決めなさい」と言われるのです。

こう言われてしまうと、かえってやめられなくなります。いざやめたらきっと後悔するだろうし、自分で決めたことだから誰かのせいにすることもできません。子どもながらにそんなことは理解できましたから、結局は続ける道を選ぶしかありませんでした。

もし問答無用で頭ごなしに叱り飛ばされていたら、きっとカチンときて後先考えずにやめていたでしょう。でも「自分で決めなさい」と言われると、言われた側は、トーンダウンしてしまいます。ちょっと立ち止まって冷静に考えて、自分の中で答えを見つけるようになるのです。

母とのやり取りの中で、「何事も自分で決めるし、決めたからには自分で責任を取る」という自主性や独立心、そして責任感がものすごく養われました。今でもその大切さを身に染みて感じています。

もし私に子どもがいたら、母が私にした通りの教育をしていたでしょう。子どもを芸能界に入れたかどうかはわかりませんが、母の教えはあらゆる分野、どんな社会でも通用するはずです。その教えを伝えられなかったという点では、子どもに恵まれなかったことは残念に思っています。

幼い頃から母の言いなりのようで、疑問を持ったり、反発したことはなかったのかと問われることも多いのですが、まったくと言っていいほどありません。ある種の洗脳と言われてしまえばそれまでですが、自分は宝塚音楽学校経由で芸能界に入って、歌手になるんだと信じて疑いませんでした。

だから、「芸能人になっていなかったら、どんな人生を送っていたと思いますか？」とか、「歌手以外になりたかった職業は？」などと聞かれても何も浮かばず、戸惑うばかりです。性格的に何事も納得いくまで突き詰めるタイプなので、どんな職業に就いていたとしても、とことん極めるまであきらめなかったと思います。でも、50年もこの世界にいたのですから、やはり芸能人が私の天職なのかもしれません。

八つものお稽古事をこなすのは本当にハードでしたが、芸事の基礎がしっかり身についたことは事実です。競争心や物事を継続する力が養われたことも非常に大きく、今日の自分があるのだと思います。

もともとの性格もあるでしょうが、どうせやるなら一番になりたい、主役を取りたいという気持ちがなければ、芸能界という生き馬の目を抜く世界で50年も生き残ることはできなかったはずです。

ましてや、私がデビューした頃は歌謡界が全盛で、毎日のように歌のベストテン番組があって順位づけされていました。レコードの売り上げ枚数も誰それには勝ったけど、誰それには抜かれたといったことが話題になる日常でしたから、競争心がなかったら、とっくに押しつぶされていたに違いありません。

最近はビリになった子どもがかわいそうだという理由で、運動会の徒競走などでも順位をつけないことがあると聞きました。子どもたちにあまり競争をさせない風潮があるようですが、私はそれに対して否定的な考えを持っています。

もちろん、一番の子がビリになった子を見下したり、順位によって差別が生まれるようなことはあってはなりません。とはいえ、順位をつけること自体や、周りの人たちと競い合うことは、自分の今の実力や技量を知るうえでとても有効です。

たとえば私の場合、バレエなら10人から20人の練習生と一緒に、レッスンを受けていました。そこでは自分の踊りと人の踊りをいやでも見比べますから、自分のどこが劣っているのか、逆に優れているのかがよくわかります。わかるからこそ、負けるものか、もっとうまくなってやると、やる気や向上心が生まれます。タップダンスにしても、習字にしてもそれは同じです。

お稽古事の例で言えば、ピアノは個人レッスンで、先生が家に来てくださるので、比較する対象者がいませんでした。モチベーションがあまり上がらず、結果的に中途半端なままに終わってしまいました。もちろん、性格的なこともあるでしょうから一概には言えませんが、少なくとも私にはそう感じられたのです。

人と比べないと見えてこないものもあるし、人と比べてこそ刺激を受けてがんばれることもあります。誰かと競争して勝ったり負けたりすることは、向上心を育てて自分を成長させるという意味においては、決して悪いことでありません。

歌手デビューするため宝塚音楽学校へ

母が望んだ通り、15歳で宝塚音楽学校に合格しました。宝塚音楽学校は、授業やレッスンはもちろん、礼儀作法やマナーにも厳しいことで今でも有名です。しかし私に限って言えば、福岡時代のお稽古事や母のしつけのほうがよほど厳しいものでしたから、その点はむしろ気楽なほどでした。

そもそも宝塚音楽学校は、最初から私にとっては芸能界に入って歌手になるために、これまで身につけた芸事をブラッシュアップする場でした。宝塚歌劇団に進むことは、まったく考えていなかったのです。歌手として大成するためのひとつの通過点と考えていたので、それほど気負いもありませんでした。

大変だったのは人間関係です。宝塚音楽学校は期間だけなら2年と短いのですが、朝の9時から夜10時過ぎまで授業や個人レッスンがあります。ほとんどの生徒が寮生活を送りますから、寝ているとき以外は1日24時間ずっと一緒に生活しているのも同然です。

それだけに同期の団結力はものすごく強く、今も仲よくしている友だちがたくさんいます。だだ、10代の多感な時期だっただけに、ぶつかり合うこともしょっちゅうでした。そのうえ、なりたくてなったわけではないのに、私は委員長に選ばれて同期を束ねなければならない立場にありました。

宝塚音楽学校は15歳から18歳まで応募資格があるので、同期といっても年齢差があります。ある程度の年代になれば、多少の年の差など互いに気にも留めませんが、10代のうちは1歳でも違えば大きな隔たりを感じます。実際、15歳の私からしたら、18歳の同期なんて、相当な「お姉さん」です。

そんな相手に対しても、委員長としてときには意見したり、なだめたりすることが求められます。萎縮してもダメですし、「生意気」「偉そう」と思われては、言うことを聞いてもらえません。そのあたりの兼ね合いは本当に難しかったのですが、おかげで人間関係の重要性とバランス感覚のようなものが磨かれました。

私自身が宝塚のモットーである「清く、正しく、美しく」を実践していないと、誰も私の言うことなど聞いてくれない、ということに気づけたことも収穫でした。人に注意したり、人をまとめることができるのは、自分自身がお手本であってこそです。このことは今も自分の戒めになっています。

委員長だからという理由だけで、誰かの失敗の責任を取らされたり、一緒になって怒られたりといった納得いかないこともありました。しかし、こうした経験を通して、世の中には理不尽なこともあると知りました。ちょっとした達観を得たとも言えます。そのおかげでしょう、芸能界はおそらく一般社会以上に理不尽さがまかり通ってしまう世界だと思いますが、へこたれることなく50年もやってこられました。

宝塚音楽学校での2年間は、私にとって人間関係を学び、生きる術の基本を身につけるための貴重な時間でした。

「夏川るみ」として最初で最後の宝塚の舞台

宝塚音楽学校や宝塚歌劇団を経由して芸能界に入るのは、今も昔もひとつの規定路線ですが、まずは所属する芸能事務所が決まらないことには話になりません。

ここでも母は手腕を発揮しました。そもそも宝塚音楽学校を卒業したあとは、当時の渡辺プロダクション（以下、渡辺プロ）に私を入れて歌手デビューさせる、というのが母の最初からの目標でした。

渡辺プロは剛腕で知られた渡辺晋社長のもと、現代の日本における芸能ビジネスのスタイルをいち早く確立した老舗の芸能事務所です。すでに多くのスターを育て、抱えていたので、母は「ここなら間違いない」と、安心して娘を預けられると考えたのでしょう。

もっとも、宝塚音楽学校を出たというだけで、すぐに所属事務所が決まるほど芸能界は甘くありません。そこで母は、すでに渡辺プロに所属していた梓みちよさんの力を借りられないかと考えました。

梓さんは私と同郷で、福岡時代に私が通っていたツルタバレエ芸術学校の先輩であり、宝塚音楽学校の大先輩です。とはいえツルタバレエ芸術学校も宝塚も、梓さんと私が通っていた時期はズレていて、当時は面識がまったくありませんでした。

それでも母は梓さんのお住まいを調べてお母様に会いに行き、「うちの娘を何とか渡辺プロに入れたい、口添えしていただけないか」と頼み込みました。すると、「そういうことなら」と、梓さんのお母様は二つ返事で引き受けてくださったそうです。母の物おじしない度胸と情熱もすごいと思いますが、梓さんのお母様の度量はもっと広かったと今さらながら驚きます。

こうした母の根回しを知ったのは、実は少しあとになってからのことでした。母の影響が大きかったのは否めませんが、私も所属するなら絶対に渡辺プロと考えていたので、宝塚2年目の夏休みを利用し、単身、渡辺プロの社長室にほとんど押しかけるようにして会いにいったのです。「私を歌手にしてください」と懇願すると、社長は梓さんのお母様から私のことを聞いていたようで、「ああ君か、それじゃあ宝塚（音楽学校）を主席で卒業したら考えてあげる」と答えてくれました。

今だから言えることですが、その瞬間、「これはいける」と内心ほくそ笑みました。それまでずっとトップの成績を続けていたので、自信があったからです。そして、社長の言葉通りに宝塚音楽学校を首席で卒業し、渡辺プロへの入所が決まりました。


首席で卒業しただけに、宝塚からは猛烈に引き留められました。「このまま宝塚にいれば必ず娘役トップになれる、スターの座は約束されているんですよ」「宝塚にいれば大スターですよ、芸能界入りはそれからでも遅くないのでは？」と、何度も何度も説得されたのです。

宝塚側が私を買ってくれていることは、本当にありがたいことでした。ひとりっ子だったせいか、同期というたくさんの仲間たちと離れたくない、みんなと別れるのは寂しいという思いから、心が大きく揺れることもありました。しかしそれ以上に強かったのが、一刻も早く歌手としてデビューしたいという思いです。だから、宝塚をやめること自体には一片の後悔もありませんでした。

ただ、さすがに初舞台だけは踏みたいと思いました。一生に一度のことだからです。「夏川るみ」の名でいったん宝塚歌劇団に入団し、大阪万博が開催された1970年に、2カ月間の公演を終えると同時に退団しました。わずかな期間でしたが、宝塚ならではの華やかな舞台に立てたことは、今となっては素晴らしい思い出です。

朝ドラで女優として芸能界デビュー

宝塚を退団後、さっそく単身上京して、渡辺社長のお宅の2階で下宿生活が始まりました。東京にはいとこがいましたが、それ以外は友だちも知り合いもいません。心細い思いをしていた私を気遣ってくださったのでしょう、渡辺社長や奥様の美佐さん、さらには社長のお母様にとてもかわいがっていただき、福岡に残った母も安心したようです。

芸能界デビューは、歌手ではなく女優としてでした。1970年に放送されたNHKの朝の連続テレビ小説、いわゆる朝ドラの「虹」のオーディションに合格し、「かおる」という長女の役で出演させていただいたのです。

これには、歌手デビュー前に少しでも顔と名前を世間に知っていただこうという、事務所の戦略があったようです。当時はそんな芸能戦略など思いも至らなかった私としては、主演の南田洋子さんや仲谷昇さんなど、名優と呼ばれる方々の演技を間近で見ることができ、ただただうれしかったことを覚えています。その一方で、リアルな演技の難しさも痛感しました。

念願の歌手デビューが決まったのは、翌71年のことでした。ワーナー・ブラーザーズ・パイオニア（現・ワーナーミュージック・ジャパン）と専属歌手契約を結び、平尾昌晃さん作曲、安井かずみさん作詞による「わたしの城下町」で、本格的に歌手デビューすることになったのです。

ありがたいことに、このデビュー曲は160万枚という自分でも驚くほどのヒットとなりました。オリコン年間シングル売り上げチャートで1位を記録し、第13回日本レコード大賞最優秀新人賞もいただきました。

「わたしの城下町」は、リリースするやいなや人気を得たように思われている方も多いのですが、それは全然違います。最初のうちはなかなか売り上げが伸びず、レコード会社の方やマネジャーと一緒にレコード店を一軒一軒回りました。商店街やデパートの屋上でミカン箱の上で歌ったこともあります。

もちろん、曲そのものの完成度が高いことや、国鉄（当時）の「ディスカバー・ジャパン」というキャンペーンとうまくマッチしたこともあるでしょう。しかし、地道な営業努力の結果として、大阪のレコード店主の方々が推薦曲に選んでくださり、そこから火がついて全国に浸透したのだと私は思っています。

大ヒット曲を連発する陰での苦悩

そのおかげでデビュー曲が大ヒットとなり、街を歩けばみんなが振り返って「ルミちゃんだ！」と、声をかけてくれます。いろいろなお店からは、有線で「わたしの城下町」が流れているのが聞こえてきました。「曲がヒットしたんだ」ということはわかりましたが、うれしい以上に不思議な気分でした。まだまだ気持ちは一般人「小柳留美子」のままで、芸能人「小柳ルミ子」は別人のことのように思え、ピンとこなかったのです。

ただ、私はすごくいいことをしたみたいだ、との思いはありました。というのも、スタッフがものすごく喜んでくれたからです。

当時、ワーナー・ブラザーズ・パイオニアは発足したばかりで、生え抜きの専属歌手は私が第一号でした。できたての会社ゆえに、重役も含めてスタッフの中には音楽業界とは無縁の人がたくさんいました。右も左もわからない状況で、「うちの初めての新人だ、この子を何とかして売るぞ！」と、それこそ社運をかけていたのです。

その結果が160万枚という大ヒットですから、私以上にそれはそれはスタッフのみなさんに喜んでいただけました。私も周りのがんばりを身近で知っていただけに、「売れた」という実感より、みんながうれしそうでよかったという気持ちのほうが大きく、責任を果たせてホッとしたのかもしれません。


「わたしの城下町」に続き、「瀬戸の花嫁」（72年）も大人気となり、ほかにもヒット曲に恵まれました。NHKの紅白歌合戦に出場したり、前述のように日本レコード大賞最優秀新人賞をいただいたりと、デビューから順調すぎるほどに順調な歌手生活でした。

ただ、私の中には少しずつ葛藤が生まれ始めていました。この頃の曲は、奥ゆかしく目を伏せながら歩くような、古風な女の子をイメージさせるものが多く、歌うときも楚々《そそ》としておとなしげな感じを周囲からは求められていたからです。

本来のアクティブな私とは正反対の印象ですから、「えっ、この曲を私が歌うの？」と、正直に言えばかなり戸惑ったこともあります。とはいえデビューしたばかりですし、自分のためにつくってくれた曲だと思うとうれしさのほうが勝り、曲のイメージと自分とのギャップを当初は気にしないようにしていました。

しかし、楽曲が売れたことで「日本的な女の子＝小柳ルミ子」がすっかり定着し、周りが私に寄せるイメージや期待と、素の自分とがどんどんかけ離れていくことに次第に焦りを感じ始めたのです。

もちろん、「わたしの城下町」や「瀬戸の花嫁」といった曲があってこそ人気歌手の仲間入りができたわけで、曲にも、曲にまつわるすべての人にも感謝しかありません。しかしその一方で、やはりストレスが少しずつ蓄積されていきます。「私はこれでいいのだろうか……」。これからの長い芸能生活を生き抜くためにも、方向転換の必要性を考えるようになりました。

とはいえ、さすがにいっぺんにイメージチェンジするのはリスクが高すぎます。段階的に新しいことにチャレンジしていこうと考えました。曲でいえば、たとえば１９７５年発売の「ひと雨くれば」では、胸が開いたドレスを着て口紅を真っ赤にしてみたり、79年発売の「スペインの雨」では本格的なダンスをしたりというように。

こうしたチャレンジがすべて成功だったわけではありません。「自分が好きだったルミちゃんじゃない」と離れていくファンもいました。特にダンスを取り入れたときは、デビュー以来、大和撫子《やまとなでしこ》の印象が強かっただけに、周りにはとても驚かれました。それでも私は自分の信念を曲げませんでした。

事務所内でも賛否両論、というか「否」ばかりで、「『わたしの城下町』や『瀬戸の花嫁』のイメージで十分やっていけるのに、今さらぶち壊すようなことをするな!」と、さんざん言われたものです。

でも、私はとにかく踊りたかった。子どもの頃から培ったダンスは、自分の個性でもあり武器でもあるのだから、これを生かさない手はないと押し切りました。当時浅草の、現在の浅草ビューホテルの場所にあった国際劇場でのワンマンショーでも、スタッフの反対を押し切りダンスをふんだんに披露しました。

実は、そのステージが私にとって大きな転機のひとつになりました。NHKのスタッフの方が見に来てくださっていて、紅白歌合戦でもぜひ踊ってほしいとオファーされたのです。１９８０年、紅白の本番では、何十人ものダンサーを従え、「来夢来人」という曲で歌って踊りました。

当時の紅白歌合戦は視聴率が70パーセントを超えていましたから、その影響力は絶大です。「小柳ルミ子はダンスもできる」というイメージは、一気に全国へと浸透しました。

その後の紅白でも、ショーアップコーナーなどで郷ひろみさんや田原俊彦さんとダンス対決をする機会があり、私をダンスのできる歌手として認識してくれる人が大半となったのです。そうしたオファーをＮＨＫだけでなく、他局からもいただけるようになりました。

やはり自己プロデュースは間違っていなかったと、手ごたえを感じたのです。

「誘拐報道」で映画初出演

葛藤を抱えながら歌手として多忙な日々を送っていた頃、一本の映画のお話をいただきました。

覚えていらっしゃる方も多いかと思いますが、実際に起きた誘拐事件（宝塚市学童誘拐事件）をもとにした、「誘拐報道」（１９８２年公開）という映画です。監督は、千葉真一さん主演の「やくざ刑事シリーズ」や、梶芽衣子さん主演の「女囚さそりシリーズ」を手掛けた伊藤俊也監督。主役の誘拐犯を演じるのは萩原健一さんです。私は萩原さんの奥さん役で、ヒロインという位置づけでした。

ヒロイン役にはほかの女優さんの名前が挙がっていましたが、伊藤監督が私を熱心に推してくださったのです。歌手ですから歌には自信がありましたが、お芝居はデビュー当時に朝ドラに出演したぐらいです。まさに抜擢でした。

もちろんお芝居に対する不安はありましたが、映画の内容も興味深いし、すでに大スターだったショーケンこと萩原健一さんとご一緒できるチャンスなんてそうそうあることではありません。私は出演を熱望しました。

しかし、すでに歌手としての仕事でスケジュールはビッシリ。映画は拘束時間が長いので、事務所は「ステージやテレビの仕事を中止したり延期するのは絶対に無理」と難色を示して、なかなか首を縦に振ってくれませんでした。

それでも私は、その当時のレコードが売れなくなっていた状況を「自分自身で変えなくては」と思い、映画出演に反対する事務所と話し合い、説得して、ようやくクランクインにこぎつけたのです。最終的には事務所も納得し、撮影が始まったときには不安や緊張よりもうれしい気持ちのほうが勝っていました。

しかし、うれしいばかりでなく、同時にこれはえらいことになったとも思いました。というのも「誘拐報道」の撮影は、ラストシーンから始まったからです。

映画やドラマはストーリー順に撮っていくわけではなく、今日はこのシーン、あのシーンと、言わばぶつ切りで撮っていきます。役者さんやスタッフの予定、ロケ地の撮影許可など、さまざまな事情でどうしてもそうするしかないのです。

それにしても撮影初日にラストシーンというのは、気持ちをつくるうえでさすがに厳しいものがありました。しかも私が娘を連れて夜逃げをするという、映画を左右しかねない重要な場面です。さまざまな思いを抱えながらも、これですべてが終わったんだ、という演技をしなければなりません。

ラストシーンから撮ると知った萩原さんも「映画が初めてのルミちゃんに酷すぎるよ、何とかならないの」と監督に掛け合ってくださいました。「自分にできるだろうか」「失敗したらみんなに迷惑をかける」と不安や緊張でいっぱいだっただけに、萩原さんの優しい心遣いに感激したことをよく覚えています。

とはいえ、やはりスケジュール的にどうにもなりません。前日は徹夜で再度、台本を何度も何度も読んで気持ちをつくり、撮影に臨みました。それだけに監督の「ＯＫ」の声がかかったときは、心からホッとしました。いちばん重要なシーンを乗り切ってしまえば、この先の撮影も何とかなると、自信のようなものまで生まれてきたのです。

萩原健一さんの手が下着の中に……

「誘拐報道」では、台所での長回しワンカットのシーンも忘れられません。それは、夫が誘拐犯であることを知らない私が夕食をつくっているところに、手持ちのお金がなくなった萩原さんが帰ってくるというシーンです。

帰ってきた萩原さんは台所で夕食をつくっている私を後ろから抱きしめ、体のあちこちをまさぐります。胸をもまれたかと思ったら、萩原さんの手はゆっくりと下半身のほうに移動し、そしてとうとう下着の中まで手を伸ばしてきました。そのとき、私は思わず本当に吐息をもらしてしまったのです。

そのシーンを撮る前に、萩原さんから「ルミちゃん、いろいろと触るかもしれないけどいいかな？」と聞かれていました。もちろん大先輩ですし、「いろいろと」と言われてもピンときませんでしたし、断りようもありません。「はい、お好きなようにしてください」と答えたのですが、まさかそこまでとは思わなかったのでビックリです。

しかし、いちばんビックリしたのは萩原さんご自身だったでしょう。実は、伊藤監督からは事前に「ショーケンは、本番の声がかかると気合が入りすぎてオーバーな演技になりがちなんだよ。このシーンは誘拐犯として心が揺れている繊細でスリリングな感じがほしいから、カメラテストのときに（本番のカメラを）回す」と、スタッフと私には知らされていました。「だから、セリフをとちったり、間が空いたりしても気にせず続けてね」と。そう、萩原さんだけが、これが本番だとは知らなかったのです。

萩原さんはカメラテストだと思っていますから、ほどよく脱力していて微妙な間があったり、私がもらした本気の吐息も鮮明に入っていたりで、逆にものすごくリアルで緊張感のある描写になりました。伊藤監督も「最高！」と絶賛していたほどです。

もっとも、萩原さんはそれでも納得せず、「いやいや、今のはテストだろう。もう一回やらせてよ」ということで、もう一度撮り直しました。ところが、案の定、力が入りすぎていて、採用されたのはやはりカメラテストとして回したほうでした。

萩原さんとはその後、ＮＨＫの大河ドラマ「琉球の風」（１９９３年）でも夫婦役で共演させていただきました。そのときも私が出産するというシーンで、私の下半身に顔を埋めてきて驚かされましたが、二度も夫婦役ができたことは、本当に何かのご縁だったのかもしれません。私の宝物です。

萩原さんの迫真の演技に引っ張られて、私の演技力も高まったというか、引き出してもらえたと思います。女優としての小柳ルミ子にとって、お芝居をするうえで大きな財産になったことは間違いありません。

そんな萩原さんは、２０１９年に68歳という若さで還らぬ人となりました。正直に言えば、萩原さんは気難しくてヤンチャなところも確かにありました。でも、それ以上に純粋でかわいらしさがあり、共演者やスタッフを気遣ってくれる優しさもあるという、個性的な魅力の持ち主だったと思います。

ああいう複雑な魅力を持った方は、ほかにはちょっと見当たりません。芸能界はまた一人、稀有な才能を失ったと言っていいでしょう。

ヌードになることを即決した映画「白蛇抄」

「誘拐報道」で、第6回日本アカデミー賞最優秀助演女優賞、第56回キネマ旬報ベスト・テン助演女優賞をいただき、「小柳ルミ子は芝居もできる」と、女優としても認知されるようになりました。

しかし一方の歌手活動は、はっきり言って行き詰まっていた時期です。その頃は新曲をリリースしても売れないし、当然ながら歌番組にも出ませんから、テレビ露出は減る一方です。いったいどんな曲がいいのかと、私もスタッフも悩んでいました。

中でも私がいちばん悩み、何とかしなければならないと考えたのが、前述したような「わたしの城下町」や「瀬戸の花嫁」といった楽曲でついた「清純でおとなしそうな日本的な女の子」というイメージです。

本来の私とは正反対のイメージですし、年齢的にも30歳という節目でしたから、このままではとうてい通用しなくなる日が来ます。自分に嘘をついて歌手活動を続けていっても、しんどくなるだけなのは目に見えています。１９８０年のＮＨＫ紅白歌合戦に「来夢来人」で出場してからは、少しずつアクティブな楽曲やダンスを取り入れたステージにも挑戦していましたが、いまひとつ殻を破りきれません。

そこで、事務所の戦略や与えられた楽曲に対して悶々《もんもん》としているぐらいなら、人気がガタ落ちになってファンが離れていってもいいから等身大の自分をさらけ出そう、今までの虚像はすべて脱ぎ去ろうと腹を決めたのです。そして、その方法性を探っていました。

そんなときに、「誘拐報道」で周囲の反対を押し切って私を女優として起用してくださった伊藤監督から、再び映画のオファーをいただいたのです。それが「白蛇抄」（1983年公開）という映画です。それも主演としてのオファーですから、心が大きく揺れ動かないはずはありません。さっそく映画の原作である水上勉さんの小説を読んでみるとかなり官能的な内容で、これは濡れ場があるなとすぐにわかりました。しかし、私にとってはむしろ渡りに船でした。

これまでのさまざまなしがらみをすべて取っ払い、まさに裸一貫で再スタートを切るんだと腹を決めていましたから、それこそ映画でヌードになるぐらいは何の躊躇《ちゅうちょ》もありません。静まり返った池に波紋を立たせるためには、自分で小石を投げるしかないと必死で探していたら、大きな岩を手渡してもらえたようなものです。「願ってもないお話です、もちろん脱ぎます」と、出演をすぐに快諾しました。

監督に言われて、無理やりヌードになったのではないかと思われている方もいるようですが、実は逆なのです。それに、伊藤監督なら、女性のはかなさや危うさをうまく引き出してくれて、濡れ場ばかりが先行するような下品な作品は絶対に撮らないという信頼もありました。伊藤監督以外の方だったら、脱いでいなかったかもしれないし、そもそも出演しなかったかもしれません。

ただ、ヌードになることは、伊藤監督と私のふたりだけで決めて、マネジャーにも内緒にしていました。マネジャーに言えば絶対に反対されるし、すぐに渡辺社長にまで話が行って、それ以上の勢いで猛烈に反対されることは火を見るよりも明らかだったからです。とはいえ、ヌードになることをいつまでも隠し通せるわけがなく、作品の内容はやがて渡辺社長の耳にも入りました。

渡辺社長は本当に私を愛し、大事にしてくれていました。社長にとって私はいつまでも「かわいいルミちゃん」のままでしたから、「あのルミちゃんがヌードになるなんて！」と、やはり大激怒です。実際、映画の話が立ち消えになりかねないほどの怒り心頭ぶりでしたが、伊藤監督やプロデューサーの熱心な説得、当時の東映社長・岡田茂さんが間に入ってくださったこともあり、渡辺社長も最後には折れてくれました。

いろいろな舞台裏があった「白蛇抄」ですが、おかげさまで公開されるや大きな話題となりました。私の体を張った演技も評価していただけて、第7回日本アカデミー賞最優秀主演女優賞を受賞しました。この作品のおかげで、女優としても地位を確立できたことはもちろん、「清純でおとなしそうな女の子」から「セクシーで奔放な大人の女性」に完全にイメージチェンジでき、芸能活動の場が広がったのです。

自分で考え抜いて決めた「独立宣言」

「白蛇抄」が公開された1983年には、歌手としても「お久しぶりね」、翌84年には「今さらジロー」が大ヒット。その相乗効果なのか、ヘアヌード写真集「小柳ルミ子」（83年・撮影／立木義浩）も刊行され、すっかり「セクシーな女性」というイメージが定着していくことになります。

歌手としても、女優としても、ひと皮むけ、これからの芸能生活に意欲を燃やしていた私ですが、思わぬ事態になりました。それは1980年代後半のことです。あれからもう30年以上たっていますから、50周年を機にお話ししておきます。

ちょうどその頃、所属事務所の先輩であり、大スターである沢田研二さんや森進一さんが独立され、布施明さんもお辞めになったりで、隆盛を極めた渡辺プロは変革期に差し掛かっていました。仕事の少ないタレントは契約してもらえず、社員やマネジャーの人数も削減されるなど、それまでと状況が一変したのです。

売れっ子の先輩方がいなくなり、「ルミ子にがんばってもらうしかない」と、私はいやおうなしに事務所の大黒柱になっていました。そんなときのことです。たぶん、事務所もかなり混乱した状況だったからなのでしょう、私のような立場であっても現場にマネジャーがつかず、それが何カ月か続きました。ちょうどクリスマスディナーショーの準備を進めたり、年末年始のテレビ特番が立て込んでくる夏頃で、一年の中でいちばん忙しい時期のことです。

マネジャーがいないのですから、テレビ局での打ち合わせなどは自分ですることもありました。自分のやるべき芸能人としての仕事をこなすだけで精一杯なときだっただけに、それはもう目が回るような忙しさだったのです。

私もできる限りの努力をしたつもりですが、それでも限界があります。このままでは自分の仕事に集中できず、今後の芸能活動にも支障をきたしかねません。ステージで100パーセントのパフォーマンスをお見せすることは難しいと考えた私は、断腸の思いで退所の決意を固めたのです。

自分で考えて考えて、考えて、考え抜いて、自分で決める、そして、決めたことはすぐさま実行に移すのが私の性分です。誰にも相談することなく、その年のクリスマスイブに行われた新宿のヒルトン東京でのディナーショーの本番中に、「私は来年、事務所から独立します」と、満員のお客様の前で宣言しました。

何も知らずにディナーショーの現場にいた事務所のスタッフたちは、私のあまりに突然すぎる「独立宣言」に卒倒したそうです。もちろん、その場で撤回するよう懇願されましたが、私なりの誠意を見せたうえで、考えに考え抜いて決心したことですから、頑として譲りませんでした。

その頃の私は大澄賢也さんと結婚したばかりで、それが独立の原因だと思われがちなのですが、それはまったくの誤りです。事務所に結婚を反対されたからという一部報道も間違っています。事務所から独立したのは、こうした経緯によるものなのです。

今にして思えば、事務所が私を大事にしてくれなかったというより、私に甘えていたのだと思います。実際、「ルミ子は経験もあるし、わがままを言って問題を起こしたりもしないから、安心してひとりで現場に行かせられる」と言われていました。確かに、事務所は私を信頼してくれていましした。しかしだからといって、タレントにマネジャーの仕事まで兼務させるというのでは、タレントとしての本業がおろそかになってしまいます。

もちろん、デビューしてから順風満帆でこられたのは、ひとえに渡辺プロのおかげです。渡辺晋社長を心から尊敬していましたし、大好きでした。マネジャーをはじめとするスタッフたちも優秀で信頼していましたから、渡辺プロに骨を埋めるつもりでした。

しかし、その当時、敬愛していた渡辺晋社長はすでに亡くなっていて、いったん揺らいでしまった信頼関係を再び構築するのは困難だと、私は判断したのです。このまま所属していても、お互いに辛い思いをするだけです。私は本当に渡辺プロが大好きで、正直に言えば辞めたくはなかったのですが、当時の状況を考えれば、私としてはやむを得ない選択でした。泣きながら、その結論に至ったのです。

ただ、当時の私にもどこか甘えがあったことは否定できません。この年齢になって振り返ってみれば、いろいろな出来事が重なって、少しずつ不信感が芽生えていったのだと思います。今ならもっと違う解決策があったのかもしれません。

私は心から渡辺プロを愛していました。今もその気持ちに変わりはありません。私が芸能界にデビューできたのは渡辺プロのおかげですし、本当に感謝しています。渡辺プロとともにひとつの時代を築けたことは、私の誇りです。

芸能界で「テレビに出られない」ということ

独立後1カ月もすると、週刊誌やテレビのワイドショーをはじめとするさまざまなメディアで、私は叩かれ始めました。私からすれば最後の最後まで誠意を持って対応し、それでも事務所を辞めざるを得ない状況だったのに、納得がいきません。

確かに、円満退社とはとても言い難い辞め方でしたから、実情を知らない周囲からは「恩知らず」と映ったのでしょう。一部の人たちによる偏見に満ちた情報を、メディアが鵜呑みにしてしまったのはしかたがないことだったのかもしれません。

たまたま結婚と退所のタイミングが重なったことも悪く作用したのだと思います。若い男性に利用されたあげく結婚して豹変《ひょうへん》しただの、やれ「色ボケ」だのと、根も葉もないことでさんざん批判されました。結婚と独立は、まったく次元の異なる問題です。

事務所を辞めて独立することのリスクは当然わかっていましたが、メディアからここまで心ない仕打ちをされるのかと恐ろしくなるほどでした。

もちろん、テレビのいわゆるキー局にはまったく出演できません。たとえば、キー局の仕事が入ったと喜んでいると、直前になって突然、その話が消えるのです。「いったいなぜ？」と尋ねても、テレビ局の人は「いやあ、ちょっといろいろあって……」と言葉を濁すばかり。何があったのかは明白でした。

それこそ昨日まで私をかわいがってくれていた人が、今日は背を向けて口も聞いてくれません。露骨もいいところです。芸能界の嫌らしさや怖さを痛感し、すっかり人間不信に陥ってしまいました。

独立騒動の発端は、マネジャーがつかないことがあったという、ほんのささいなことでした。マネジャーさえすぐにつけてくれていたら辞める理由はまったくなかっただけに、涙が出るほど切なくてしかたがありませんでした。

これは、歌謡界が全盛を極めていた昭和の時代だったからこその風潮でしょう。ただ、昭和時代ほどあからさまではないにしても、残念なことに似たような事例を令和になった今でも耳にすることが時折あります。私のようなタレントが今後はひとりでも出てほしくありません。理想論かもしれませんが、令和の健全な芸能界では、タレントと事務所の関係は常に「愛のあるウィンウィン」であってほしいと思います。

今は芸を磨き直す充電期間

テレビのキー局にはまったく出演できなくなりましたが、実は地方でのステージの仕事は途切れることはありませんでした。というのも、地方には助けの手を差し伸べてくれるイベンターが多かったからです。まさに捨てる神あれば拾う神ありというものです。

おかげで収入は安定していて、生活に不安はありませんでした。週刊誌などでは、仕事がなくてお金に困っていると何度も報道されましたが、それを見るたびに、いったいどこの誰からの情報なのかしらとため息が出て、失笑するばかりでした。

テレビの仕事がないぶん、時間には余裕があります。その時間を無駄にせず、逆に充電期間と考えました。バレエやタップダンスのレッスンに励んだり、ボイストレーニングに通ったりと、もう一度芸を磨き直すことに時間を割いたのです。

そもそも負けず嫌いの私のこと、へこみ続けているわけがありません。いつかまたスポットライトを浴びられる日が来るようがんばるしかないのです。今は「その日のために備えておこう」と前向きに気持ちを切り替えました。

その当時、テレビもよく観ていました。この番組に出ることになったら、自分ならどうするかな、こうしたらいいかな、ああしようかなと研究したのです。ともかく、「災い転じて福となす」にしなければ、自分らしくありません。我ながら前向きです。

もちろん、心が折れそうになることは何度もありましたし、周りがすべて敵に思えることもありました。

でも、そんな中でも支えてくれる人が必ず現れます。たとえば、渡辺プロ時代の初代マネジャーは、私のことをすべて理解していただけに、「ルミ子に本当に力があれば、絶対にまた輝くときがくる。腐らずにがんばれよ」と、励ましてくれました。自分を信頼してくれる人がいると思うと、それがパワーになるのです。

泣くほどうれしかった「セイシュンの食卓」

ステージの仕事はあるけれど、テレビやラジオ、取材などの仕事はまったくない、そんな状態が丸2年続きました。そんなときです。以前、天地真理さんの番組でディレクターをされていた方から、突然「料理をつくるだけなんですけど、新しく始まるバラエティー番組に出ていただけませんか」とお電話をいただきました。

歌もお芝居もないことを彼は申し訳なく思っているようでしたが、テレビの仕事は喉から手が出るほどほしかった時期ですから、私としてはありがたいの一言です。

ただ、メディアへの露出がまったくない私をなぜ使う気になったのか、そもそも、そのディレクターは真理ちゃん派だったはずではと不思議でした。思い切って尋ねてみると、「天地さんの番組にゲスト出演されたときの、ルミ子さんの仕事への取り組み方が忘れられない。自分が番組をつくる立場になったときは、ぜひご一緒したいと思っていました。今ならお役に立てるかもしれません」と言ってくれたのです。

そんな遠い昔のことを覚えていてくれたディレクターの心根に感激しないわけがありま

せん。まじめに誠実に仕事をしてきてよかったという感慨もこみ上げて、思わずその場で泣き出してしまいました。

そうして出演が決まったのが、「セイシュンの食卓」（テレビ朝日系・1992年～94年）という深夜のバラエティー番組です。同名のマンガをベースにしたアイデア料理をさまざまな形で紹介するという番組内容で、その中のワンコーナーを私と当時は夫だった大澄賢也さんが担当することになりました。

演出は基本的にお任せでしたが、ひとつだけ私から提案しました。「料理をただつくるだけではつまらないから、踊りながら料理をするっていうのはどう？」。スタッフたちも、「そんなことやっていただけるんですか？　それはおもしろい」と賛同してくれて、すぐに話はまとまりました。

もっとも、いざやってみるとなかなか難しい演出でした。料理の工程を考えながら振り付けをして、なおかつその料理や振り付けに合った衣装やヘアメイクを毎回そろえるわけですから大変です。

しかし、その苦労が報われて、このコーナーは大好評をいただきました。番組の司会は当時たけし軍団の一員だった東国原英夫（当時はそのまんま東）さんが務めていたこともあって、ビートたけしさんも「あれはおもしろい。観たほうがいいよ」と毎週のように観てくださり、話題にもしてくれました。

そんなふうに番組の評判が広がるにつれ、私と大澄さんの人気も高まりました。なぜか子どもたちからの人気が圧倒的で、小学生向け雑誌のインタビューを受けるなど、これまでになかった仕事も増えました。深夜番組だったので、夜中まで子どもたちが起きていて困るというお叱りを受けたほどです。

「セイシュンの食卓」への出演を契機に雪解けムードというか、「小柳ルミ子を使ってもいいのではないか」という雰囲気が、テレビ業界全体に漂い始めました。そういう意味でも「セイシュンの食卓」は、私の心に強く残った番組です。

結婚と離婚についての誤解

「セイシュンの食卓」をきっかけに、本格的にテレビ復帰し、しかも今度は私ひとりではなく、当時の夫だった大澄賢也さんも一緒に、夫婦でバラエティー番組などに引っ張りだここになり、再ブレークを果たせました。

しかし、悪いこともあればいいこともある、いいこともあれば悪いこともあると、大きな波があるのが私の人生なのでしょう。２０００年に大澄さんとの結婚生活にピリオドを打つことになってから、メディアへの露出がまったくなくなったとき以上の苦難に見舞われることになりました。


私と大澄さんとの結婚・離婚についてはさまざまに取りざたされました。しかし、真実とは違う報道も少なからずあるので、この50周年という機にお話しできることはお話ししておきたいと思います。

まず、私と大澄さんとの出会いについてです。それは、クリスマスディナーショーのステージがきっかけでした。その当時、ディナーショーでは必ずダンサーをつけていたのですが、ダンサーを派遣してくれるプロダクションへの依頼が諸事情によって少し遅くなってしまいました。私がいつもお願いしていたのはダンサーの中でも一流とされる人で、当然人気がありますから、すでに別の仕事が入っていて当たり前です。

どうしようかと困っていたところ、ダンサープロダクションのマネジャーさんから、

「ほかにも優秀なダンサーがいますよ。彼ならきっと大丈夫です」と紹介されたのが、大澄さんだったのです。

仕事柄、私はダンサーの世界にそれなりに精通していましたが、これまで大澄さんと一緒に仕事をしたことがないのはもちろん、名前すら聞いたことがありません。どれだけの力量があるかもわからず、正直に言えば不安でした。とはいえ、ダンサープロダクションのマネジャーさんは信頼できる方でしたし、ダンサーが決まらないことにはショーの準備が進められません。選択肢がないまま、大澄さんにお願いすることになりました。

そして初顔合わせとなる、振り付けの練習初日のことです。私は練習が13時スタートであれば12時には稽古場に入り、ゆっくりストレッチや柔軟体操をして体を温めるようにしています。事前に体をならしておくのはダンスを心得た人間なら当然のことです。

座長の私が早めに来る性格だということはスタッフ全員がわかっていますから、ダンサーたちも私よりも前に稽古場に入り、ストレッチを始めているのが普通です。ところが、12時を過ぎても、12時半になっても、大澄さんは稽古場に姿を現しません。

どうしたことかと思っていたところ、13時近くになってようやく大澄さんはやって来ました。そして稽古場の扉を開くなり、大声で「申し訳ありませんでした」と深々と頭を下げたのです。普通であれば「こんなギリギリの時間に来るなんて、ダンスをなめているのか！」とムッとするところです。しかし、あまりに潔い謝り方だったので、逆に「あっ、いい人なのかもしれない」、そう第一印象で感じました。

あとからわかったことですが、到着が遅くなったのは、同行するマネジャーが待ち合わせ場所に遅刻したことが理由でした。大澄さんは稽古場の場所を知らされておらず、マネジャーを待つしかなかったそうです。ちゃんとした理由があるのに、言い訳を一切しなかったことにも好感を抱きました。

実際、一緒に踊ってみると、大澄さんはダンスの基礎がきちんとできていて、まだ若いのにダンスの勉強をしていることもわかります。

一方の大澄さんも、私のダンスを「タレントがちょっとかじった程度のものではない。これは本物だ」と尊敬してくれました。とにかくお互いが自分の持てる力を発揮して、気持ちよく踊れたのです。

踊りの息がピッタリ合ううちに、次第に踊りを離れたプライベートでも親密になり、年齢を超えていつしかダンスパートナー以上の存在になりました。

事務所を辞めたときもそうですが、何事も自分で決めるし、決めたことは即実行というのは、結婚も同じでした。「周りに反対されたのでは?」と聞かれたこともありますが、反対されるも何も、そもそも誰にも相談していないので反対されようがありません。周りの方々に報告したのは、結婚の意思を固めたあとのことです。

母にも、1988年のNHK紅白歌合戦の本番当日のリハーサル中に、電話で「急な話だけど、私、結婚することにしたから」と伝えました。「えっ!? いったいどんな人?」と驚く母に、「今日の紅白のステージで、私の後ろで踊っている人。13歳年下なの」と告げると、「今はいいかもしれないけど、そんな若い人じゃ……。ルミ子、そのうち捨てられるよ」と言われたことをよく覚えています。

親として当然の心配だったでしょうし、突然の結婚報告に驚いて当然です。今にして思えば母の言葉は言い得て妙でしたが、いったんこうと決めたら私が意に介するはずもありません。年が明けた89年1月6日に入籍しました。

事務所からの独立と結婚のタイミングが、たまたま重なったことで的外れな非難を浴びて、メディアへの露出がまったくなくなったことは前述の通りです。

結婚生活自体はとても順調でした。当時、大澄さんが私を支えてくれたことは紛れもない事実であり、そのことについては今も感謝しかありません。

ノーコメントを貫き通した理由

しかし、仕事もプライベートもいつも一緒という、あまりにも近すぎる環境がよくなかったのかもしれません。本当にささいなことで、お互いに不平不満が少しずつ積もっていきました。そして、いつしか関係性がギクシャクし始めます。結果的に12年間の結婚生活に別れを告げ、別々の道を歩むことになりました。

大澄さんとの離婚をめぐっては、事務所から独立したとき同様に、いえ、あのとき以上のバッシングを受けました。

特に離婚に際しての条件については、「大澄賢也が小柳ルミ子に対して1億円の慰謝料を払う」。そうでなければ「無名のバックダンサーに戻る」などと報道され、私は鬼のような女だと叩かれたのは周知の通りです。

私はあの離婚騒動の渦中にあって、メディアに対して、離婚条件については一切ノーコメントを貫き通しました。そのことが逆に「それ見たことか」と、火に油を注ぐような結果になったのかもしれません。

相手があることなので、離婚をめぐる条件の真相はやぶの中にしておきます。ただ、私が真実を言わなかったのは、それをすると大澄さんのことも、これまでの結婚生活も、すべて否定することになると思ったからです。

正直に言えば、夫婦でしたからささいなごたごたはたくさんありました。しかし、それ以上に私は彼から幸せな時間をたくさんいただきました。私のダンスを生かしたステージは、あの時代がピークだったと言ってもいいでしょう。そのために彼は欠かせない、素晴らしいパートナーであったことも紛れもない事実です。

プライベートでも、家で彼のためにご飯をつくっているときなどは、ひとりの女性としての喜びをかみしめることができました。何より、まだ若かった彼の将来を潰すようなことになってはならないと、黙っていることに決めたのです。

当時のマネジャーからは、「ルミ子さんが一方的に悪者になってます。こちらからも何かコメントを出すべきだ！」と、何度も強く言われました。実際、仕事にもかなりの支障が出て、経済的なダメージもありました。離婚をめぐる騒動でついたイメージを払拭するには何年もかかりましたが、やっぱりあれでよかった、私らしかったのだと後悔はしていません。

離婚して初めて気づいた自分の「商品価値」

ただ、離婚を通してわかったこともあります。それは、「自分をもっと大事にするべきだった」ということです。

結婚当初、大澄さんは、「どこに行っても〝小柳ルミ子の旦那〟としか呼ばれない。自分にもちゃんと名前があるのに」と、いつも落ち込んでいました。その姿を見ていると、こちらも胸が痛みました。彼は踊れて歌も歌えるし、頭の回転が速い素晴らしいダンサーです。エンターテイナーとして、もっと花開けるはずだと思っていたのです。

そこで、夫婦共演のときも、私がひとりで番組に出るときも、彼のことは「旦那さん」とか「夫」ではなく、「賢也君」と呼ぶことにしました。私がそう呼べば、周りの方々も彼の名前を覚えてくれるはずだと思ったからです。自分が主役のステージも大澄さんが引き立つ構成にしたり、彼を積極的に押し出しました。

狙い通りに、彼は「小柳ルミ子の旦那」ではなく、「大澄賢也」というひとりのタレントとして売れっ子になりました。喜びはひとしおでしたが、その一方で、私は彼を育てることに全エネルギーを注ぎ込み、仕事でもプライベートでも自分のことは二の次になっていることに気づきました。

自分自身が商品である芸能人にとって、自分をないがしろにすることは自らの商品価値を下げるも同然です。お客さんに満足していただけるパフォーマンスを発揮できるわけがありませんから、ファンの期待を裏切ることにもなります。

ひとりになってみて、ようやくそのことに気づかされました。それからは時間の使い方や考え方を、もっと自分中心にシフトしようと決めたのです。もちろん、自分勝手になるという意味ではありません。自分をもっと尊重し、自分を大切にして自分らしく生きていくという意味です。以来、その気持ちを貫いています。

50年も芸能界で生きていれば、いくらヒット曲を持っていたとしても、たいていは「あの人は今」状態になってもおかしくありません。まがりなりにも現役としてコンスタントに活動できているのは、自分を尊重し、自分らしく生きているおかげなのでしょう。

実際、今の私は、好きなことや興味のあることは、誰に気兼ねすることも変に気負うこともなく、どんどん挑戦しています。その結果、たとえばサッカーのように生涯をかけて夢中になれる趣味に出会うことができました。それがまた次の仕事につながったり、ブログやインスタを始めたことで思いがけず若いファンも増えました。

私らしく前向きに考えれば、離婚による「気づき」がいい流れを引き寄せたと言っていいのかもしれません。バッシングを受けても私らしく生きてきた結果、流れに乗り続けることができ、今は公私ともに本当に充実しています。

小柳ルミ子は年下男性がお好き?

だから、よく聞かれます。「ルミ子さんは、年下の男性が好きなんですか?」と。離婚した元夫や、その後の恋愛の印象が強いせいなのでしょうか、「小柳ルミ子は年下の男性が好き」というイメージがついてしまったようです。

いい機会ですから、ここではっきりと記しておきます。そんなことは100パーセントありません。メディアを通してみなさんの知っているお相手が、たまたま年下の方だったというだけです。実際に、誰とは実名は出しませんが、年上の方とお付き合いしたことも何度かあります。

まだ若い頃の話ですが、芸能人の方とお付き合いしたこともありました。それは当たり前です。芸能界に50年もいるのですから。健康な男女がたくさんいる世界なので、恋愛感情が生まれないほうがおかしいくらいです。

こう書くと何だか素敵なロマンスがありそうですが、意外とそうでもないのです。というのも、当時は今と違ってタレントに対する事務所の恋愛管理が、みなさんが思っている以上にものすごく厳しかったからです。

事務所の目をかいくぐって恋愛するのは、なかなか難しい時代でした。今がうらやましいくらいです。もちろん、それでも恋愛していたカップルがいたことは否定しません。

あの頃はそもそも仕事が忙しくて、現場以外で出会いのチャンスは、ほとんどありません。自然と身近なところで相手を見つけて、隠れてお付き合いするのが普通でした。その意味では、芸能人同士の恋愛は純粋だったと思います。

芸能人同士の結婚は特別だと思われがちですが、結婚式が少し派手なだけで、結婚生活自体は一般の方と大して変わりありません。夫婦で過ごしているところを写真週刊誌に狙われたり、ちょっとした夫婦げんかをおもしろおかしく、あるいは大げさに誇張して書かれることがあるくらいです。

実際のところ、夫婦で話している内容はたわいのないことです。私もそうでしたし、私の知っている芸能人ご夫婦もみなさん普通です。芸能人だからと言って、特別な夫婦関係なんてことはないと思います。

「新三人娘」時代の天地真理さんに感謝

50年間の芸能生活を振り返ってみたとき、やはりデビュー当時のことを抜きにしては語れません。そう、「新三人娘」と呼ばれた時代です。

同時期に歌手デビューした南沙織さんと天地真理さん、そして私の３人は、「新三人娘」と呼ばれ、仕事でも毎日のように顔を合わせていました。

同じ年頃の女の子が3人も集まれば、自然と打ち解けるものです。特に南沙織さんは見た目通りのさわやかなかわいらしい人で、私にとって心のオアシスのような存在でした。天地真理さんとも普通に仲よくさせていただいていましたが、正直なところライバル心や嫉妬心もけっこうありました。というのも、私と天地さんとは同じ事務所だったにもかかわらず、待遇に大きな差があったからです。

たとえば、レコードのジャケット写真の撮影やテレビ出演するときでも、天地さんは豪華な衣装をつくってもらえるのに、私は自分で買った洋服か母のお手製の衣装を着て仕事に臨んでいました。

年齢を重ねて冷静に考えてみれば、私と天地さんとでは事務所の考えやイメージ戦略に違いがあったことはわかります。天地さんは「生粋のアイドル」路線であり、当時の私は「清純で日本的なかわいい女の子」です。

ただ、20歳前後だった当時の私には、大人たちのイメージ戦略など理解できるはずもありません。「どうして真理ちゃんばっかり。私だって一生懸命にがんばっているのに」と不満を覚えて、当時のマネジャーに愚痴っていました。

天地さんの人気は新三人娘の中でも別格でした。猛烈に多忙だったせいもあるでしょうが、彼女は歌詞やメロディーがうろ覚えなこともしばしば。歌番組の本番中にふたりで一緒に歌っていたら、途中で歌詞がわからなくなってしまい、突然、歌うのをやめて、私の横でニコニコ手を振っているだけということもありました。

完璧に歌詞やメロディーを覚えてから本番に臨むのがプロだと思う私としては、驚いて慌てるばかりです。それでも必死に動揺を隠しながら歌い切りましたが、「天真爛漫な真理ちゃんはかわいい」と、天地さんのほうが評価されてしまうのです。まじめにやっている自分が、何だかばからしく思えたこともあります。

とはいえ、天地さんと私の持ち味は、まったく別のもの。天真爛漫なところこそ、天地さんの「持ち味」だったのです。彼女もそのことがわかっていたのだと思います。私はうらやんだり不満を言ったところで、何の意味もないことに気づきました。それからは、私は私らしく自分にできることをひたむきに全力でやっていこうと決めました。

実はそうした仕事への取り組み方が、のちにメディア露出がまったくなくなったとき、自分自身を救うことになったのです。その意味では、「気づき」を与えてくれた真理ちゃんに感謝です。そのおかげで、私は今ここにいます。

思い入れの強い「雨…」と「星の砂」

50年の芸能生活で、私は60作近いシングルレコードをリリースしました。よく「どの曲がいちばん好きですか?」と聞かれるのですが、一曲だけと言われるとかなり迷ってしまいます。ただ、思い入れのある曲はいくつかあります。たとえば……。

歌手としての小柳ルミ子は、1978年にワーナー・ブラーザーズ・パイオニアからSMSレコードに移籍しました。その第一弾となったのが「雨…」です。作詞・作曲は、当時すでに大人気だったシンガーソングライターの中島みゆきさんだったこともあり、話題になったことを覚えている方も多いと思います。

中島みゆきさんが曲を提供してくれたのは、みゆきさんのお母様が私のファンだったことがきっかけです。みゆきさんがつくった曲を私が歌うことになったらうれしいとお母様が話していたことから、曲の提供が実現しました。思いがけないご縁というか、みゆきさんの親孝行から生まれた曲と言えるかもしれません。

歌詞、メロディーとも本当に素敵な作品を提供していただき、移籍後第一弾としてこれ以上ないふさわしい楽曲になりました。

思い入れのある曲はいくつかありますが、しいてもう一曲を挙げるなら「星の砂」（77年）でしょうか。この曲には、少し変わった経緯があります。

当時、フジテレビでプロの作詞家・作曲家ではないタレントがつくった曲を、プロの歌手が歌って、順位を競う特番がありました。私は歌手として出演させていただき、事務所の先輩であるハナ肇さんと谷啓さんがつくった曲を歌いました。

そのとき優勝したのは、由紀さおりさんが歌った、出門英さん作曲、関口宏さん作詞の「八重山哀歌」という曲でした。その曲を聴いた瞬間、私の体の中に電流が走りました。失礼ながら先輩方につくっていただいた曲そっちのけで聴き入ってしまったのです。

「なんていい歌なんだろう」。こんなにもドラマチックでなおかつエキゾチック、しかもスケール感の大きい曲を私も歌いたいと猛烈に思いました。以来、「八重山哀歌」がずっと頭からも耳からも離れずにいたのです。

そんなある日、レコーディングの打ち合わせでレコード会社に行ったところ、同じレコード会社に所属する出門さんがたまたまいらっしゃいました。「あの『八重山哀歌』は素晴らしかった。ああいう歌を私も歌いたい」と興奮ぎみに伝えると、出門さんは意外な言葉を口にしました。

「えっ？　あの歌はルミ子ちゃんに歌ってほしくて、ルミ子ちゃんをイメージして僕と関口君とでつくったんだよ、知らなかったの？」

よくよく聞いてみると、ハナ肇さんと谷啓さんが私に曲をつくるというので、歌ってもらうのはあきらめたということでした。確かに大先輩を差し置いてというわけにはいきませんし、演出上もそれはしかたありません。

しかし、経緯を知ったからには話は別です。「あの歌を絶対に歌いたい、シングルカットさせてほしい」とお願いすると、出門さんも「それはこっちも願ったりだよ」と快諾してくれたのです。さっそく、私はディレクターに直談判しました。

ところが、「確かに『八重山哀歌』はいい歌だけど、難しすぎて一般受けはしない。タイトルも言いづらくて地味だから、アルバムに入れるならまだしもシングルカットなんてとても無理だよ」と一蹴されてしまいます。

そもそも、次にリリースするシングルA面の曲はすでに決まっていたので、ディレクターからすれば、とうてい無理というところだったでしょう。

それでも、心を揺さぶられた「八重山哀歌」をあきらめるなんてことはできません。「この歌をシングルA面にしてくれないなら歌手を辞めます。それぐらい私は本気です」と、ディレクターに思わず啖呵《たんか》を切ってしまいました。

私のすごい剣幕にディレクターも考え込み、「ルミ子がそこまで言うからには検討の余地があるかもしれない」と、アンケートを取ってくれることになりました。100人の女性に「八重山哀歌」を聴いてもらい、感想を聞いたのです。

すると9割以上の女性から「この歌いいですね、好き」と高評価。ならばと、今度はディレクターが、そのアンケートをもとにレコード会社の社長にかけ合ってくれて、念願のシングルカットが決まりました。

とはいえ、さすがに特番のときとまったく同じままというわけにはいきません。歌詞や曲のアレンジは一部変更して、ようやく発売にこぎつけたときは、胸に迫るものがありました。私の情熱で世に生まれた「星の砂」。タイトルも私が考えに考えて決めました。

どの曲をシングルカットするのかは、今とは比べものにならないほど重要視されていた時代です。大げさに言えば、レコード会社の経営を左右しかねない時代でした。レコード会社も議論に議論を重ねてシングルカット曲を決めるので、本来なら歌手の意見など入る余地などありません。

私もここまで自己主張したのは初めてでした。熱意が実り、自分で勝ち取った歌という感じがして、ほかの曲とは違った思い入れがあるのです。

第二章

かわいい後輩たちへ
ルミ子先輩からの伝言

プロの歌手として「ロパク」は絶対しない

「表舞台に立てるのは選ばれた人だけであり、選ばれたからにはベストを尽くさなければならない」。幼い頃のお稽古事や宝塚音楽学校で、そう叩き込まれてきました。デビュー前から「プロ意識」は自然と身についていたのかもしれません。

生前の母は、プロでもないのに「歌詞を見ながら歌うようでは気持ちが入らない」と、完璧に歌詞を覚えてカラオケで歌っていました。それこそモニターを一切見ずに歌っていたのです。そんな母の性格を受け継いだのでしょう。

素人なんだから、そこまでしなくてもいいとは思います。ただそれと同時に、素人でもそこまでするのだから、プロである私は歌詞やメロディーを完璧に暗記しなくてはならない、そう思うのです。

プロの歌手である以上、その歌を完全に理解し、自分と一体化させて歌わなければ、お客さんに対しても、楽曲に対しても失礼なことになります。楽曲を完璧に自分のものにするのは、口で言うほど簡単なことではありません。かなりのプレッシャーになります。しかし、それができなければプロの歌手ではないと自分に課しています。それは68歳になった今もまったくブレていません。

歌手として「これだけは絶対！」と心がけていることがあります。それは口パクをしないことと、カンペを見て歌わないことです。これもデビュー当時から変わりません。

どんなにコンディションが悪くても、「今回だけはしかたない」「一回ぐらいはいいだろう」と自分に甘くなったら、そこからガタガタ崩れていってしまいます。手を抜いて仕事をすることが、当たり前のようになってしまう気がするのです。

何より口パクやカンペを見ながら歌うのは、お客様に対する裏切り行為だと私は思いますし、舞台を降りたときに自分自身も必ず後悔するとわかっています。だから、風邪をひいて声が出なくても、必ず生で歌います。いつもと違う印象になってしまうかもしれませんが、心は通じると信じています。

歌詞とメロディーを完璧に覚え、理解して本番に臨むというのは、歌に限ったことではありません。同じようなことがお芝居に対しても言えます。自分のセリフは当たり前として、私は相手役のセリフもすべて覚えてから現場に臨みます。

もちろん、NGを出してしまうこともあります。ただ、セリフを覚えているうえでのNGと、覚えてこないでNGを出すこととは、まったく次元が違います。徹底的に準備をして臨むのがプロであり、それがスタッフや共演者への礼儀です。

多くの方々には、「小柳ルミ子は歌手がメイン」というイメージがあると思います。そのイメージの中で台本を見ながら演技をすれば、「どうせ女優は片手間仕事なんでしょ」と感じる共演者やスタッフもいらっしゃいます。私としては、それは心外もいいところですから、現場では絶対に台本を開かないことにしています。そのためにも、自宅でセリフをすべて頭に入れてから現場に向かいます。

準備は何よりも大事です。準備さえしっかりしておけば、本番で急な変更を指示されたり、思いがけないアクシデントが起きてもすぐに対応できます。どこをどう変えればいいのか、どうすれば切り抜けられるのか、頭の中でパーッと浮かびますから、慌てることもありません。

ステージや芝居、ダンスだけでなく、準備の重要性はあらゆるジャンルの仕事においても、さらには日常生活でも共通することではないでしょうか。

準備さえしておけば不安はなくなる

ありがたいことに、私は多くのヒット曲に恵まれ、アルバムを何枚も出させていただきました。正直に言えば、自分でも持ち歌がいったい何曲あるのか把握できていないぐらいです。歌謡曲の全盛期は、オリジナルアルバムを出すためにつくった、レコーディング以外では歌ったことがほとんどないという曲もあって、「こんな曲もあったんだ」と思うこともしばしばです。

ですから、事前の準備は絶対に欠かせません。番組で歌う曲が決まってから、あるいはステージの構成が決まってから、改めて完璧に歌詞とメロディーを再確認します。

さすがに主要な曲は、寝ていても歌えるぐらいですが、それでも本番前には歌詞を何度も見直します。「ここでブレスをして、ここからボリュームを上げる」といった自分だけがわかるボーカル譜をチェックしながら、頭の中で歌い上げて、自分なりに完成度を高めていくのです。

定期的に専門家の方のボイストレーニングを受けることも重要だと思います。ボイトレの先生に指摘されたことは、すべてノートに書き取り、何度も見返します。入浴中やクルマを運転している最中など、ひとりで大きな声を出しても迷惑にならないときに発声練習をしたり、本番を想定して歌うこともあります。

本番に向けて準備とイメージトレーニングを重ねていけば、ある程度の不安は払拭されます。やはり本番、特に生のステージはどんなハプニングが起きるかわかりません。何百回も歌ったことがある歌でも、どうしてもうまく歌えない箇所もあります。だからこそ何があってもいいよう、徹底的に準備をしておくのです。

お客さまに中途半端な芸は見せられない

仕事がないときは心身共にオフにしていますが、仕事をしているときは猛烈に集中力が高まります。ステージでは、オープニングのBGMが流れ出すまで、スタッフたちと普通におしゃべりしていることもあります。いわゆる出のタイミングになって袖に立った瞬間、ポンッとスイッチをオンにするのです。その瞬間を楽しんでいます。

人によっては開演の1時間ぐらい前からピリピリして、口もきかない、周りも話しかけられないという方もいらっしゃいます。私はまったく違って、一歩踏み出したらステージという直前で気持ちを切り替えることができるのです。

その切り替えは、集中力以外の何ものでもありません。そうした集中力を発揮できるのは、徹底的に準備をしているからです。ステージの構成や曲順が決まったら、歌のおさらいを一曲一曲することはもちろん、MC（曲と曲の間のおしゃべり）の内容も全部自分で考えて、紙に書いています。頭の中でオープニングからエンディングまで、ここではこう動いて、次はこうしようとイメトレを直前まで何度も繰り返します。

ステージにはハプニングもつきものです。私がイントロを間違えて歌い始めてしまうとか、バンドが演奏をミスしたなど、失敗したときのことも想定して、さまざまなパターンを頭に叩き込んでおきます。

予習復習と危機管理が、芸能人にとっては極めて重要です。それさえしっかりできていれば、いざ本番になったとき、変な緊張もしないし、不安な気持ちを抑えることもできるのです。集中してステージに臨めるうえ、たとえミスをしても慌てないですぐに取り返すことができます。

徹底的に事前準備をして、本番やステージに臨むのがプロというものです。プロである以上、お客さまに中途半端なパフォーマンスはお見せできません。

ここで言う「本番」や「ステージ」というのは、何も歌手活動に限ったことではありません。歌のステージでダンスすることもあれば、お芝居をすることもあります。もちろん、映画やテレビドラマなどに出演するときや、ダンスのステージでも事前に徹底的な準備をしてから臨みます。

よく「ルミ子さんの本業は何ですか?」と聞かれます。私は歌手であり女優でありダンサーです。3つ合わせて100パーセントなのではなく、歌手も100パーセント、女優も100パーセント、ダンサーも100パーセントです。

「私には歌しかない」とか「芝居に命をかけています」といった、この道一筋もかっこいいと思いますし、それを求めるファンの気持ちもわかります。でも「小柳ルミ子」は歌手と女優とダンサーの三つそろってこそ完成するのです。その意味では、私はどのジャンルにも属さないのかもしれません。

別格だった「8時だョ！全員集合」

歌やダンス、お芝居は、まず歌詞やメロディー、振り付けやセリフをすべて頭と体に入れてからがスタートです。全部を叩き込んだうえで、それをどう表現するのがベストなのか、そこからまた試行錯誤します。とにかく覚えることや考えることがたくさんありますから、事前の準備が必要になります。

その点、バラエティー番組はちょっと違います。「気が楽」と言ってしまうと語弊がありますが、歌やダンスよりリラックスして臨めます。もちろん、司会者の方やバラエティーを主戦場にしている方たちが並々ならぬ意気込みで臨んでいることや、番組を盛り上げようと努力されていることはわかっています。私もプロとして、出演前にその番組内容を研究したり、共演者の方のプロフィールをチェックすることは欠かしません。

ただ、どうしても歌やダンス、お芝居と比べると、そこまで準備するべきことは多くありません。バラエティーはその場で偶然に生まれる笑いも大切ですから、自分自身が番組を楽しむことを優先し、自然体でいるようにしています。最近のバラエティー番組に出演させていただくときは、特にそう心がけています。

もっとも、これまで出演したことのある多くのバラエティー番組の中で、ザ・ドリフターズの「8時だョ!全員集合」(TBS系)だけは別格です。最近のバラエティー番組と比較するのは酷かもしれませんが、「全員集合」は完璧につくり込んだコント番組でした。

事前に覚えておかなくてはならないことがとても多く、そのうえ毎週生放送の番組でしたから、万全を期すため週に2日もリハーサルがありました。特に、家が崩れ落ちるような大がかりなセットを組むコントは、一秒単位でタイミングが決まっていたので失敗は絶対に許されません。

それでも、やはり生放送ゆえのアクシデントにたびたび見舞われて、大慌てしたこともあります。「全員集合」はコントだけでなく、歌のコーナーもある歌番組としての一面もあっただけに、そちらの準備もしなければならず、本当に大変で……。でも大変だった以上に、楽しくてしかたありませんでした。

あんなお化け番組はもう二度とつくれないでしょう。そんな「全員集合」のゲストの中でも、私が最多出演者であることは自慢であり、誇りです。

才能がなくてももてはやされる混沌とした世界

50年間もこの世界にいますが、いまだに芸能界というものがよくわかりません。さまざまな才能や役割を持った人たちが、それぞれの立場や思惑によって動いている混沌とした世界であり、つかみようがないのです。

ただ、混沌としているからこそ、そこに「正義」はあってほしい。少なくとも自分自身だけは、常に「正義」でありたいと思っています。

芸能界でいくらまじめにがんばっていても、実力があるにもかかわらず、まったく日の目を見ない人がいます。その一方で大した能力もなく人間性に問題があっても、何かの拍子で人気が出れば、驚くほどもてはやされるのが芸能界です。人気があれば使ってもらえる「人気商売」なのです。

「運」や「コネ」も実力のうちと言えばそれまでですが、やはり悲しいかな不条理がまかり通るのがこの世界です。

どうすれば曲がヒットするのか、何をやったらスターになれるのか……。その方法論が最初からわかっていれば、みんな成功しています。

わからないからチャレンジするし、歌やダンスのレッスンに励むのです。でも、その一方で何の努力もせず、一気にスターダムにのし上がることもできる。売れた者勝ち。勝てば官軍。それもまた芸能界です。

だからこそ、そこに一縷《いちる》の「正義」があってほしいのです。「正義」と言うと小難しいようですが、たとえば人に対して嘘をつかない、責任をなすりつけない、ひたむきに自分の仕事をするなど、そういう意味での「正義」です。

芸能人という職種で言えば、コンディションが悪くても口パクはしない、多忙を理由にカンペを見ながら演技をしない、たとえ骨折していたとしても踊る、そんなことも私にとってはひとつの「正義」です。

歌手だから、役者だから、売れているからということを笠に着たりせず、社会人として人として正しく誠実であるべきです。それを肝に銘じていたからこそ、私は50年間も芸能界にいられました。「正義」がなければ、結局はいつか通用しなくなります。それは芸能界に限らず、どんな世界でも共通することではないでしょうか。

伸びる若手と消えていく若手の分岐点

当然ながら、50年前は私も若手でした。先輩を、ましてやベテランと呼ばれる方々を前にすれば、どれだけ緊張するかはよくわかっているつもりです。「いじめ」とは言いませんが、それに近いことも経験しています。だから若い子たちに対しては、自分から垣根をつくらず、フランクに接するようにしています。

こう見えて、私はけっこう教育上手なんですよ。圧倒的に芸事の経験値がありますし、分析魔ですから、その子が持つ魅力や欠点はすぐにわかります。どこをどう伸ばせばいいか、どこを直せばよくなるのか、気づいたことはアドバイスするようにしています。

もちろん、押しつけがましくなったり、先輩風を吹かせる偉そうな感じにならないよう気をつけながら、アドバイスするのは応援したくなる好きな子にだけです。正直な気持ちをストレートに伝えると、熱意を感じてくれるのか、みんな喜んでくれます。仲よくなってご飯に行ったり、メル友やライン友だちになった後輩もたくさんいます。

芸能界は浮き沈みがとても激しい世界ですし、特に若いうちは自分の方向性を見失って悩んだり迷ったりするものです。まして不祥事を起こしたタレントなどは、お先真っ暗で人生終わったぐらいに思っていることでしょう。

でも、マスコミにも世間からもさんざん叩かれて一時はメディアから消えても、この世界で生き残っている私のような存在もいます。警察のお世話になるレベルは別ですが、そこまでではないのなら絶望することはない、何かしらまだ開ける道はあるはずです。

一方で、個人差はありますが、全体的に今の若いタレントさんは、残念ですがあまりプロ意識がないなと感じるときがあります。たとえば、踊りながら歌っているようで口パクだったり、衣装のさばきができず、美しく踊れていない場面を見かけると、正直がっかりしてしまいます。

はっきり言わせていただけば、これから先、芸能界で生き残れるかどうかは、持って生まれた才能以上に、性格の良し悪しにかかっています。素直で謙虚であってこそ、番組制作スタッフや事務所スタッフなどに目をかけてもらえたり、かわいがってもらえます。周りのアドバイスに耳を傾け、自分の欠点を改める素直さがあれば、早く成長できます。個性を伸ばすのは、それからの話です。

逆にいくら才能があっても、横柄だったり素直ではない子はあまり期待が持てません。この手のタイプは何を言っても、まず言い訳から入ります。それもたいてい自分から相談を持ちかけておいて、いざ意見すると、「いや」「でも」と言い訳をするのです。

最初から自分が求めている答えがすでに決まっていて、それ以外は受け入れないというわけです。そんな狭い了見では、伸びるものも伸びません。周りからも扱いづらいと思われて、いずれ消えていってしまうでしょう。芸能界で成功するためには、若いうちは特に人の話を聞く素直さと謙虚な気持ちが何よりも大切なのです。

大スターになんかなれなくてもいい

デビュー曲に恵まれて、ほとんど下積みもないまま売れっ子になり、紆余曲折ありながらも、50年という長きにわたって厳しい芸能界を生き抜いてきました。冗談なのか、今では「大御所」などと呼ばれることもあります。

はっきり言って、今も昔も周囲は私のことを持ち上げてくれます。でも、だからといって天狗になったことは一度もありません。そう断言できます。

天狗にならずに済んだのは、母から「売れたからといって偉いわけじゃない。芸能人だからといって特別なわけじゃない。芸能人である前に社会人なんだから、そこをはき違えず常に謙虚でいなさい」と、それはもう耳が痛くなるほど言われたからです。そして、もともと私は相手が喜ぶ顔を見るのが好大きで、相手のために何かしてあげたいと思うタイプだったからでしょう。

ただ、そうした謙虚さや気遣いが、逆に大スターになれない原因だと言われたことがあります。

レコーディングをしていたときのことです。みんなで食事をしようと出前を頼むことになり、私は出前のメニュー表を回しながら、みんなの注文をメモしていました。その様子を見ていた当時のディレクターから、「ルミ子、それだからお前は大スターにはなれないんだ」と言われたのです。

突然の言葉にきょとんとした私が、「なぜですか?」と尋ねると、ディレクターは「スターっていうものはデーンと構えて何もせず、全部スタッフにやらせるものなんだよ。お前のように周りに気を遣いすぎるやつは大スターになれない」と答えました。

その瞬間、猛烈にカチンときました。スタッフが私のためにがんばってくれているのはわかっています。ありがたいことですから、気を遣うのは当たり前でしょう。「偉そうにしていなければならないのなら、大スターになんてなりたくもありません。こちらから願い下げです」と食ってかかり、ディレクターとは大げんかになりました。

確かに私は大スターにはなり損ねましたから、ディレクターが言ったことには一理あったのでしょう。芸能界に入ったからには、誰もが大スターを目指すのが当たり前です。でも、やはり私は偉そうにはできません。

大スターと担ぎ上げられても、尊大な態度を取っていれば、やがて周囲の不興や恨みを買い、引きずり下ろされるだけです。それに他人をあごで使うような尊大さがあるようでは、歌にしても芝居にしても踊りにしても、人の心を打つような感動的な表現はできないと思います。そこには必ず人としての優しさが必要不可欠なのです。

だから私は、自分を支えてくれるスタッフや、応援してくれるお客さんへの感謝を忘れず、謙虚でありたいと常に考えています。自己満足かもしれませんが、実践できているつもりです。

芸能界と反社会的勢力の距離

私がデビューした頃の昭和40年代は、今では考えられないでしょうが、芸能界と反社会勢力は切っても切れない関係でした。

特にコンサートなどの地方興行では、その地域の興行利権を持っていたのがいわゆる「ヤクザ＝反社会的勢力」だったので、まずは彼らに話を通さないことにはどうにもなりません。彼らを無視して興行すれば、コンサート会場まで押しかけてきて邪魔されたり、脅されたりと怖い目に遭うだけです。デビューして間もなかった私は、そんな恐ろしいことを何度も経験しました。

コンサート後にスタッフの偉い方に連れられて、わけのわからないまま食事に同席させられたこともあります。まだ20歳前後の右も左もわからない女の子でしたから、それがどんな意味を持っていたのかなど、知るよしもありません。

その点、今はいい時代になったとつくづく実感します。相手のほうからステージに乗り込んでくることはまずないですから。だからといって、自分のあずかり知らぬところでかかわってないとは言い切れません。できるだけそうした人たちとかかわりを持たないように、常に危機意識は持ち続ける必要があります。

一緒に写真を撮ってと頼まれたりすれば、芸能人は人気商売だけに、むげに断るのは悪いと思いがちです。しかし、その写真1枚でタレント生命が絶たれかねないのです。「この人は大丈夫かな」「おや？」と感じたときは、毅然《きぜん》とした態度を取るべきでしょう。


昨今、世間をにぎわせた「闇営業」についても、やはり危機意識の問題なのではないかと感じました。所属事務所を通さなければ、タレントはギャラを全額受け取れるわけですから、確かに魅力的かもしれません。

とはいえ、自分ひとりだけで依頼主の素性や背後関係など、本当にしっかり確かめられると思いますか？　ましてや、こちらは芸能人です。私が言うのもおかしな話ですが、けっこう浮世離れしている方が多い業界です。

もちろん、私も知人などからじかに仕事を頼まれることはありますし、個人的に入ってくる仕事をすべて否定するわけではありません。ただ、引き受けるかどうか、ギャラはどうするのか、すべて事務所に話して相談します。そしてお互いの意見や希望が一致するまで、誠実にオープンに話し合います。それがルールなのだと私は思います。

そのルールさえ守っていれば、事務所は依頼主や仕事内容をきちんとリサーチしてくれるし、いざ何かのトラブルが起きたときも対処してくれます。事務所はタレントによって収益を上げるだけでなく、商品であるタレントを守ることも仕事です。

つまるところ、事務所とタレントは持ちつ持たれつの関係なのです。「闇営業」というのは、その関係性にヒビを入れるようなことであり、結局はタレント本人の首を絞めるだけです。双方にとって、何のメリットもありません。

事務所側の立場で考えると、タレントが仕事を勝手に取ってきて、内緒で営業しているなど、いい気持ちがしないに決まっています。ましてや、その仕事が反社会勢力とかかわりがあったりしたら血の気が引く思いでしょう。

コンプライアンスを重視する時代ですから、「知りませんでした」では事務所としても済まされません。あの事務所はタレントとコミュニケーションがまるで取れていないと揶《や》揄《ゆ》されて、管理能力まで疑問視されることになります。

むろん、一口に事務所といっても千差万別ですから、扱いに不平不満を覚えるタレントがいることは理解できます。それでも一度立ち止まって、相手の立場になって考えてみるのは大切なことです。自分がされて嫌なことや困ることは相手にもしない、というのは芸能人に限らず、社会人としての基本だと思います。

タレントはもっと自分に投資すべき

最近の言葉で言えば、昭和40年代の芸能界はまさに「ブラック」でした。当時は組合などないですし、ましてや働き方改革という考え方もありません。徹夜で働くことは当たり前であって、今ならパワハラやセクハラですぐさま訴えられかねないようなことも、平気で横行していました。スタッフ全員がギリギリのところで仕事をしている感じで、精神的にも体力的にも本当に厳しい時代でした。

その点、今はずいぶん体制や待遇は改善され、健全になり、働きやすくなりました。ただ、タレントもスタッフも、昔のほうがエンターテインメントについてはもとより、あらゆることについてもっと勉強していたような気がしています。

誤解を恐れずに言えば、特にマネジャーたちは今よりもっと必死でした。私がいた渡辺プロが特別だったのかもしれませんが、渡辺晋社長はマネジャーたちによく言っていました。「タレントは化け物だぞ、日に日にでかくなっていく。そのタレントをマネジメントするために、お前たちはもっと勉強して、見聞を広げて、情報をたくさん仕入れていかなければ太刀打ちできなくなる」と。

だから当時のマネジャーたちは、いただいた給料を全部つぎ込む勢いでレコードを買ったり、映画を観たり、本を読んだりしていました。礼儀作法などの一般常識についても、それを学ぶことに熱心でした。朝起きてから寝るまで、担当タレントのことをいつも考えていたのです。

そんな姿を知っているから、タレントもマネジャーを信頼するし、尊敬します。マネジャーもタレントの顔色を変にうかがったりせず、きちんと教育やマネジメントができていて、とても良好な人間関係が築けていたと思います。

マネジャーだけを責めているのではありません。もちろん、私たちタレントにも反省すべき点はあります。当時の先輩タレントの方々は、自分にもっと投資していました。一流のものを身につけたり、自費で本場の芝居やダンスを観に行ったり、素晴らしいアートに触れたりというように。そうやって本物を知ることで美意識を磨き、価値観を構築していました。それはつまるところ、自分自身の商品価値を高めることになるからです。

ひるがえって、今の芸能界はどうでしょう。いい番組やいい作品をつくり、タレントの育成に熱意を燃やしているスタッフ、そして自分を高めることに貪欲なタレントさんももちろんたくさんいます。

しかしその一方で、仕事だからしかたなくやっていたり、芸能人になったことに満足して、それ以上の努力を怠っている人が増えているような気がしてなりません。芸能界はこのままで大丈夫なのかと心配になることがあります。


私は歌謡界が全盛の頃にデビューしましたが、当時のヒット曲は子どもからお年寄りまで、誰もが知っていました。そうした、いわゆる流行歌が最近はめっきり減ったことについても、時代の変化をつくづく感じます。

その変化に一抹の寂しさを感じるものの、娯楽の少なかった昔と比べ、楽しみ方の多様化が進んだ今、これはしかたないことなのだと理解しています。しかし、だからと言って「しかたない」で済ませているだけでいいのかと、自分自身に問いかけもします。

どんなに時代は移り変わろうと、年齢を問わず楽しめたり感動を共有できる歌、あるいはみんなが一緒に歌える歌を求めている人たちは絶対にいるはずです。こんな時代だからこそ、流行歌の担い手だった私ぐらいのキャリアを持つ歌手たちが、新曲を発表していかなければならないと思うのです。

音楽業界が活気に乏しくCDがまったく売れない今、難しいことだとは私にもわかっています。それでも、時代にマッチした楽曲をリリースすれば、多くの人たちに必ず届くと信じています。まだまだあきらめてはいません。

SNSには反論や嘲笑があって当たり前

新しい表現の場があるなら、積極的に取り入れていくべきだと考えています。ブログやインスタグラム、ツイッターといったSNSを始めたのもその一環です。以前より女性ファンが増えたのも、SNSのおかげです。

せっかくタレント本人からファンや社会に向けて、じかに情報や意見を発信できるのですから、利用しない手はないでしょう。

ＳＮＳがない時代でも、テレビの番組内や雑誌のインタビュー、あるいはファンクラブの会報で、ある程度のことは発信できました。しかし、時間制限や時間差があったり、事務所のチェックもあるなど伝えられることは限られていました。

ファンからの感想やご意見も、ファンレターやアンケートでいただくことはできましたが、やはり事務所の制約がありますし、タイムラグもあります。タレントとファンの双方でやり取りをしているようで、結局のところ一方通行に近いものでした。本当に申し訳なく思っています。

それが今は、自分がリアルタイムで思っていることを事細かに伝えられますし、それに対してすぐに反応が返ってくるのです。ひと昔前では、考えられなかったことです。

一方で、ＳＮＳによってファンとの距離が近くなったぶん、手の届かない存在だった芸能人が身近になり、特別感は薄れました。芸能人としてそれはいいことなのかと問題視する人や、嘆く人がいることも確かです。

しかし、そんな些末《さまつ》なところで勝負をしているようでは、情報の発信が多様化している時代に取り残されるばかりです。「素敵ね」「かっこいい」と憧れてもらうのはステージの上の話で、ステージを降りたら別に普通でいいでしょう。芸能人といえどもひとりの人間なのですから、気取ることなく人となりを知ってもらうことのほうが、今という時代にマッチしています。

ファンの方に対してだけでなく、事務所やマネジャーなどのスタッフ側にとっても、タレントのSNSは有効に使えます。基本的なコミュニケーションが取れていることが大前提ですが、タレントが今、何を考えているのか、何をしたいのか、ファンは何を望んでいるのかといった本音やアドバイスがSNSには表れているからです。タレントの真意をくみ取って有効な運営ができれば、よりよい関係を互いに築き上げていけるはずです。

もちろん、SNSは使い方によっては非常に危険なツールでもあります。うっかりして軽率なことを書き込めば、大炎上してタレント生命を絶たれるようなことにもなりかねません。しかしそれは、結局のところ本人の人間性の問題であって、SNS自体に罪があるわけではないのです。

ただし、火のないところに平気で煙が立つのも芸能界、あるいはメディアというものです。著名であればあるほど、芸能人の発言はちょっとしたことでも影響力を持つので、そのあたりのマネジメントと危機管理のあり方が、今後の課題でしょう。

私自身のことで言えば、基本的に自分が思ったことを素直に書いています。50年も芸能界にいれば少なからず反響がありますから、「これは個人的な意見です」とエクスキューズをつけるようにしています。

世の中にはいろいろな考え方をする人がいるので、SNSでいただくコメントは賛同や共感ばかりではありません。反論や嘲笑もあることは承知のうえです。

SNSについては、コメントや質問をいただいたら、必ずお返事するように心がけています。数多《あまた》あるブログやインスタ、ツイッターの中から、わざわざ私のものを選んで見にきていただいたうえ、コメントや質問を残してくれるのですから、読んだまま放置するなんて失礼です。

みなさんに楽しんでもらうにはどうすればいいだろう、どうやったらフォロワーが増えるんだろうといったことも、いつも考えています。私は負けず嫌いなので、アクセス数でランキングがつけられるブログでもやっぱり1位を取りたいのです。だから、研究して実践します。

ブログにしても、サッカーにしてもそうですが、そもそも私は自分が好きなことや興味があることは、とことん突き詰めます。それこそ周りから「ルミ子さん、やりすぎですよ」と言われるぐらいに。別に無理をしているわけではありません。これも性分というものでしょうか、感情の赴くままにやっていると、自然に興味のあることは追求してしまうのです。

第三章

還暦を過ぎると
すべての時間が特別になる

もうがむしゃらに生きることはしない

還暦は人生の中でもひとつの大きな区切りです。特にサラリーマンの方などは、定年を迎えて、第2の人生がスタートするケースが多いですから、感慨もひとしおでしょう。と、頭ではわかっているのですが、いざ自分自身が還暦を迎えたとき、感慨はほとんどありませんでした。「あらっ、まだ60歳ね」、そんな感じです。

おそらく、定年のない仕事に就いていることはもちろん、何より私は常に「今この瞬間」を大切にしているからでしょう。節目だからといって特別扱いはしないというか、すべての時間が特別なものと考えているからです。

ただ、ひとつだけ、還暦を迎えて思ったこともあります。それは、「目標に向かってがむしゃらになるのはもういいかな」ということです。

私は子どもの頃から何かを達成するために、ずっと必死にがんばってきました。自分とも人とも戦い続けてきたのです。自分で選んだ道ではありますが、芸能界に入ってからもそれはまったく変わっていません。たとえば、歌の賞レースやオーディションなど、私が望むと望まざるとにかかわらず、競い合わなければならないし、周囲もそれを望み、結果を期待します。

そんな熾烈《しれつ》な状況に身を置くというのは、年齢的にさすがにもういいでしょう、ということです。幼い頃から走り続けてきた自分へのねぎらいの意味も込めて、これからは人生を楽しく生きていくことに重点をシフトしました。

もっとも、50年という自分のキャリアを実感するときはあります。テレビ局などに行くと、これまでは自分が相手の楽屋に挨拶に行くのが当たり前だったのに、相手のほうから私の楽屋に挨拶に来てくれることが増えました。そんなとき、「自分ももうそんなキャリアなんだな」と実感します。自分が挨拶に行くのか、相手が挨拶に来てくれるのか、その差は芸能人にとってとても大きいのです。

その年齢なりのパフォーマンスがある

身体的に年齢を感じるのは、最近になって白髪が増えたことと、髪の毛が少し細くなったことぐらいです。それ以外は体力も体型も、ほとんど変わっていません。

もちろん、30代の頃と同じような、ハードなダンスを取り入れたステージをやるのはさすがに無理でしょう。当時の振り付けは、それはもうアクロバティックで、危険なリフティングなどもたくさんありましたから。やはりスピードと回復力は、30代の私と68歳の今では違っていて当たり前です。

そもそもダンスをしながら歌ったり、ダンスのあとすぐに歌うのはものすごくハードなことです。30代の頃までは、どれだけ激しく踊ったあとでも、息も切らさずすぐに歌うことができましたが、今はひと呼吸置いてから歌わないと、ちょっと厳しいでしょう。見ているお客さまもハラハラしたり、「辛そうで痛い」と思うはずです。

無理して若い頃とまったく同じダンスをする必要はありません。それより、今の年齢にふさわしい表現方法でステージをつくり上げるほうが建設的です。そのうえで、「68歳には見えないよね」と言っていただけるのは、この上ない喜びです。若い頃と同じパフォーマンスを追い求めるのではなく、その年齢なりの最高のパフォーマンスが発揮できるよう努力すべきです。

原曲のキーを下げずに歌いたい

ダンスもそうですが、声もやはり若い頃と同じというわけにはいきません。私の往年の抒情歌謡はどれもキーが高い曲ばかりです。10代や20代の頃にはまるで気にも留めなかったのに、今は「こんなに高かったっけ?」と感じる瞬間があります。

だからといって、声そのものが出なくなったわけではなく、歌う前に発声したり、「ここは高いぞ」と意識したりと準備すれば、問題なく歌えます。以前は何も考えずとも高音が出ていたことを思えば、隔世の感があることは否めません。しかし、準備さえすれば高い声も出るのですから、準備さえしておけばいいだけの話です。

クルマだって、何年も乗っていれば何かしら経年による支障が出ます。でも、メンテナンスをきちんとしていれば、新車のときと同じ状態にまではならないにしても、運転に困ることはありません。声帯もそれと同じです。10年も酷使していればどこかが痛んだり、不具合が出るのは当たり前。日頃からしっかりとケアをし、歌う前にはさらに入念に準備すればいいのです。

声帯には個人差がありますが、一般的に年齢とともに声帯が衰えてくると、低音域は広がっても高音域は発声しづらくなります。プロの歌手でも、年齢的にキーを下げて歌うこと自体は否定しません。

私自身も今から6～7年前、半音下げて歌ってみたことがあります。でも、何だか自分に負けた気がして悔しいし、不思議なことに声帯は原曲のキーで記憶していたのか、かえって歌いづらくてすぐに元に戻しました。

それに私の歌は、「瀬戸の花嫁」にしても、キーを半音下げるだけで印象がまるで違うのです。それこそ、本来のふわっと明るくて幸せな感じが、泣く泣くお嫁に行ったような暗い感じに聴こえて、お客さんも「あれっ?」となってしまいます。

原曲のキーで歌い続けるにはそれなりの準備が必要で、年齢的に簡単なことではありません。でも、私の歌を聴いてくださる方への私なりの誠意だと思いますし、自分自身に対しての永遠のチャレンジだと思っています。

しかし、声が出ないからといって、悪いことばかりではありません。若い頃にはわからなかった歌詞の真意に気づくことがあります。ボーカル譜をひんぱんに見るようになったからこそ、ここはもっと歌詞が際立つように歌ったほうがいいなとか、ここはメロディー優先でいくべきだなといった、この年齢だからこそ発見できることもあるのです。

曲への理解が深まり、厚みも出てきたと同時に、矛盾するようですが、新たな気持ちで新鮮に曲と向き合うようになれたと思います。その意味では、これまで以上の迫力や感動をお客さまにお伝えできるはずです。

恋愛も結婚もお腹いっぱい

女性的な体の変化で言えば、とうの昔に閉経を迎えましたが、更年期障害らしきものはいっさいありませんでした。そもそも生理痛とか生理不順など、生理にまつわる不調を体験したことがないのです。

もともとの体質もあるでしょうが、やはりダンスや日課にしている柔軟やストレッチ、筋トレで体をずっと鍛えてきたからでしょう。体のベースがしっかりしているから、ホルモンバランスや自律神経が自然と整い、不調が起きにくいのだと思います。

この年齢になると、私自身の「恋愛欲求」もとっくになくなりました。はっきり言ってしまえば、もう恋をする気はありません。

恋愛への興味はゼロです。ワンちゃんに恋することはありますが、人間の恋人がほしいとはまったく思いませんし、ましてや再婚などごめんです。

というのも、私は自分を犠牲にして相手に尽くすタイプで、何事も相手を優先して、自分のことは二の次になってしまうのです。そのせいで仕事でもプライベートでも支障が出ることは経験済みですから、よくわかっています。

何よりひとりでいる今が、本当に楽なのです。実際、好きな時間に寝て起きて、サッカーを好きなだけ見て、食べるものも着るものも自分の好きに選んで、気の合う仲間と好きなように会える。やっと得た自由で楽しい生活を壊したくはありません。

恋愛は人生に彩りと張り合いをもたらし、若さを保つための大きな要素です。これから先の人生をもっと楽しむためには、パートナーがいたほうがいいのかもしれません。わかってはいますが、今の私は恋愛以外のもので十分に満たされているのです。

それに結婚も含めて恋愛はハッピーなことばかりでなく、苦しい思いをしたり、思いがけないトラブルもあります。みなさんもご承知のように、私はそうした苦く辛い経験をこれでもかと味わいました。

幸せなことも数えきれないくらいたくさんありましたから、恋愛や結婚の素晴らしさをよく知っているつもりです。天国も地獄も味わったというか、とことんやりきったという思いがあります。だからもう、恋愛も結婚もお腹いっぱいです。

そうは言っても、突然に落ちてしまうのが恋というものですから、この先どうなるのかはわかりません。もしかしたら（まずないでしょうが）、「電撃再婚」などという可能性も0パーセントとは言い切れないとは思います。

もっとも、素敵だなと思う人が現れたとしても、私ぐらいの年齢になれば、相手はたいてい年下か、既婚者でしょう。そうなると、「また年下か」と揶揄されたり、不倫になってしまうので、やはり気が引けます。

高齢者のセックスを否定しない

高齢者の恋愛を全面的に否定するわけではありません。誰かを愛おしく思う気持ちは尊いものですし、恋してこそ味わえるときめきや幸せがあることは確かです。

何歳になっても年齢に関係なく、恥ずかしがらずに恋愛はすべきです。それが成就するかしないかは別として、幸せを感じる瞬間が必ずあるはずだからです。

相手に好かれたい、もっといいところを見せたいと思えば、自然と身ぎれいになり、日常的な振る舞いにも気をつけるようになります。要は気持ちや生活に張り合いが出て前向きになれるわけで、本人にとっても周囲にとってもいいことです。

もういい年齢だからとか、世間体が気になるとか、そうした固定観念にとらわれるべきではないでしょう。自分の気持ちに無理にふたをするより、素直になるべきです。恋愛感情を我慢しているとストレスになり、よけい年齢を感じてしまいます。

相手への愛おしさが増して、ふたりの気持ちが一致するほどに、肉体的にもひとつになりたいという気持ちになるはずです。それは高齢者だって同じこと。だから、お互いに合意のうえで、身体的にも可能な状態であれば、セックスすることも否定しません。

「いい年をして、まだセックスしたいのか」と非難したり、「年寄りがセックスするなんて、何だか不潔な感じがする」という意見もあるようですが、それはまったく大きなお世話です。高齢になってからセックスしようが、結婚しようが、再婚しようが、それは個人の問題です。外野がとやかく言うことはないでしょう。

恋愛は相手あってのことです。自己中心的な行動は慎まなければなりませんが、大人の女性には大人の女性なりの恋愛があって当たり前です。大いに恋を楽しんでください。

私には不倫をとやかく言う資格はない

熟年離婚にも賛同します。我慢して結婚生活を続ける人もいますが、我慢にも限界があります。世間体やしがらみを気にして日々悶々としているくらいなら、そうした体裁はいったん全部取っ払うべきです。自分の気持ちをニュートラルにして、素直になって最善の道を選択すべきだと思います。熟考に熟考を重ねて離婚という決断をするのであれば、もう子育ても終わっているでしょうから、その結論を私は尊重します。

もちろん、生涯ひとりの人に添い遂げることが理想です。わかっています。それでも「別れる」という決断をしなければ、自分がもっと不幸になることもあるのです。私たちくらいの世代はこの先50年も生きるわけではないのですから、残された人生を楽しく、自分ファーストに過ごしたところで誰も文句は言いません。お子さんがいても、きっとわかってくれるはずです。

高齢になってからの離婚は、リスクをともなうことは免れません。それでも自分に嘘をつきながら生きるのは、ただただしんどいだけです。私自身が結婚や離婚について、自分の気持ちを押し殺すことが多かった経験があるだけに、よくわかります。自分の気持ちに正直に、自分を大切にしてください。離婚後は再婚してもいいし、大人の恋愛を謳歌するのもいいでしょう。

いろいろな熟年離婚のパターンを見ていると、たいてい別れを切り出すのは女性のほうです。旦那さんにしてみれば青天の霹靂《へきれき》と言うべきでしょうか。

これまで奥さんは、嫁姑問題や子育ての悩み、あるいは家計のやりくりなど、あれこれがんばって耐えてきたのです。殿方はねぎらってあげてください。30年や40年、一緒に暮らしたからといって、この先も安泰だとは限りません。女は豹変します。三下り半を突き付けられてから反省したところであとの祭りです。

大人の恋愛については寛大な私でも、不倫はあまりおすすめできません。というか、できればやめてください。不倫をしたことで地獄を見るのは、芸能人に限らず、あらゆる世界の男女に共通して言えることです。

どうしても歯切れが悪くなってしまうのは、私も若い頃に不倫をした経験があるからです。だから、不倫に走ってしまう人の気持ちがわからなくもないのです。人を好きになるという気持ちは止めようがありません。

まれに不倫が成就することはありますが、「略奪愛」の末路はたいてい地獄です。それがわかっているのに、芸能界でも不倫のニュースがあとを絶ちません。結局は当事者同士の問題であり、第三者がとやかく言えることではないと思います。

地球上に男と女がいる限り、浮気と不倫は消えることはないでしょう。恋愛における永遠の課題です。

芸能界でやり残したこと

50年もこの世界で活動していますが、いまだにやりきったという実感はまったくありません。歌とお芝居、ダンスともに今の私ならではの最高のパフォーマンスがお見せできるはずだと思うからです。アイドルの女の子たちが歌いながら踊っている姿を見ると、さすがに張り合うつもりはありませんが、「私だって歌って踊れるのに」と、歯がゆい気持ちにはなることがあります。

せっかく「小柳ルミ子は歌って踊れる」というイメージが浸透したのに、それが今は途切れてしまっているのが残念です。

私のこれまでの経験を生かせば、誰にも真似できない楽曲を出せるし、ステージができるはずです。「小柳ルミ子」という商品の特長をもっと生かすことが、残りの芸能人生におけるテーマになってくると思います。

ただ、頭の中ではわかっています。音楽業界の現状やエンターテインメントの多様性を考えれば、それがなかなか難しい時代であることは……。

新曲を出すにしても、ステージをやるにしても、私が考えるお客さまに納得いただけるコンテンツをつくろうとすると、お金も手間もかかります。芸歴が長いだけに、そうした裏事情もわかっています。わかってはいるのですが、こんな時代ですから周囲に強く要望することもできず、こればかりはなかなか思うようにはなりません。

1年後のことは考えないことにした

今はしっかりと準備をして、イメトレをすれば、問題なく原曲のキーで歌えます。でも、いつかはそうした努力をしても声が出なくなるときが来るでしょう。ダンスにしても、お芝居にしても同じです。どうがんばっても思うように踊れない、セリフが覚えられないというときがやがて訪れるはずです。

しかし、まだそのときは来ていませんし、そのときが来ることを考えて今から怯《おび》えたところで何にもなりません。

確かなことは、「今はできる」ということです。未来がどうなるかは予測でしかありません。不確かな予測より、確かな現実を大事に優先して生きるほうがよほど賢明であり、健全なはずです。だから私は先のことをあれこれ考えたりせず、常に「今」に全力を尽くしています。

5年後、10年後のことは誰にもわからないし、もしかしたら明日はもう生きていないかもしれません。一日一日を楽しんで、1年後のことは考えないことにしました。計画性がないと言えばそれまでですが、仕事のスケジュールはともかくとして、実際、プライベートで計画を立てるのは、せいぜい5日先までのサッカーの観戦予定ぐらいです。

芸能人として引退を考えるとき

私は今まで引退を考えたことがありませんでした。芸能人が「引退」を宣言することはあまりなくて、だいたいはお年を召して表舞台から自然にフェードアウトしていくパターンだと思います。あるいは、お亡くなりになったとき＝引退と言ってもいいでしょう。

私の場合は、自分の美学として、体のラインが崩れて、フィットしたドレスが着られなくなり、ファンのみなさんに夢を与えられなくなったとき、自分に自信がなくなり、存在価値を感じなくなったときは芸能界を辞めるつもりでいます。今のところは体型をきちんとコントロールできていますが、自分にも負けてしまったら引退と決めています。

そもそも、芸能界には「定年」という概念がありません。芸事が「〇歳まで」と決めつけられるのは、おかしな話です。芸能界においては、「自分はまだまだできる」と思っていれば、そしてファンが望んでくれれば生涯現役なのです。

とはいえ、いくら自分で「引退はしません。生涯現役です」と言ったところで、オファーがこなければ成立しないのがこの仕事です。いつ、どんな仕事が来てもしっかり対応できるよう、常に自分を磨いて準備をしていても、仕事の依頼がなければそれまでです。悲しいかな、やりたくてもオファーがなければ何もできません。世間的には引退したと思われてもしかたがないのです。

自分発信でステージなどを主催することもできますが、それをするにしてもファンの存在があってこそ。タレント側に供給する気はあっても、需要がなければ引退したも同然です。人気商売である以上、そこはこちらの思う通りには進みません。しかたのないことであると同時に、歴然とした事実であることの厳しさを常に感じています。それがこの職業の宿命なのでしょう。

そんな私でしたが、この新型コロナウイルスの感染拡大によって、様々なことが自分の中で浮き彫りになってきました。人間関係や仕事のこと、そしてこれからの人生……。ここまで仕事がうまくいかないのは「自分にはもう力がないんだな」「この業界に私のポジションはないのかも」と、自信も自分らしさも揺らいで、「引退」をいったんは決意したのです。迷いに迷い、悩みに悩み抜いた4カ月間でした。

そんなときでした。サザンオールスターズの桑田佳祐さんが、私のことを週刊誌で書いてくださいました。その記事を見たファンの方が「ルミ子さんのことを絶賛していますよ」とブログで教えてくれたのです。私はすぐにその週刊誌を買って、記事に目を通しました。体が震えて涙が止まりませんでした。号泣しながら、何度も何度も読み返しました。

桑田さんの言葉は、私に自信と自分らしさを思い出させてくれました。「日本の宝である桑田さんがここまで認めてくださっているのなら、もう少しがんばってみよう」。そう思い直して、「引退」を撤回することにしたのです。

桑田佳祐さんは、歌手・小柳ルミ子の「命の恩人」です。暗闇の中にわずかな光が見えた瞬間を、生涯忘れることはないでしょう。これからも歌に芝居にダンスにと、色っぽく、そして自分らしさを今一度思い出して歩んで行こうと思います。もう二度と迷うことはありません。これまで通りの「小柳ルミ子」を貫きます。私はまだ68歳ですから、もっと前に進むことができるはずです。

第四章

あなたは「もう68歳」?
それとも「まだ68歳」ですか?

「もういい年だから」は逃げている証拠

芸能界で50年ものキャリアを積み、２０２０年で68歳になりました。デビューしたのは18歳のときです。スピードこそ緩めたものの、動きを止める気はありません。

「もう、いい年だから」とか「この年齢では無理よ」という方もいますが、私からしてみれば、それは「逃げ」です。基本的に健康であるなら、何かができないことや、何かをあきらめることを年齢のせいにするのは、逃げている証拠です。それは面倒くさかったり、これまで自分磨きを怠ってきたことの言い訳であり、厳しい言い方をしてしまうと、どちらにせよ怠惰の表れだと思います。

確かに、10代や20代の頃と比較すれば、肌の張りなどは明らかに違うでしょう。とはいえ、日頃からのケアを怠っていなければ、そこまでダルダルなったりカサカサになったりせず、まずまずのレベルをキープできていたはずです。運動神経や柔軟性、スタイルだって同じことです。こまめにストレッチしたり筋トレをしたりと鍛えていれば、経年で急激にひどく衰えることはありません。

若かった頃は、60歳を過ぎた自分など想像もできなかったでしょうが、必ずその瞬間はやってきます。そのときになってから「しまった」と思っても後悔先に立たずもいいところです。あなたが今、何歳であるかは関係ありません。少しずつでもいいので、すぐに始めるべきです。私と同年代の方でも、決して遅くはありません。

さすがに若い頃とまったく同じ状態にまで戻すことは無理としても、やるかやらないかの差は歴然と表れます。美しく健康に年を重ねていきたいのであれば、四の五の言わずに何かしら行動を始めるべきです。

毎日体を動かすことが何より大事

20代の頃とスリーサイズはほとんど変わっていません。うれしいことに、周囲からも「68歳には見えない」と言っていただけますが、スタイルや若さをキープできているのは、生まれつきそういう体質だからではなく、日頃の努力の結果なのです。

「ルミ子さんは芸能人だから」とおっしゃる方もいます。それは違います。芸能人だって同じ人間です。何もしないで放っておけば、スタイルはキープできないし、お肌の状態も悪くなる一方です。

お金をかけてエステに通っていた時代もありますが、50年間も毎日通えるわけがありません。人様の前に出る商売だとはいっても、それは程度の差こそあれ、みなさんも買い物に行くこともあれば、友人と食事にも行くでしょうから、それは同じことです。

「お腹がポコッと出た体型でドレスを着て、お客さんの前で歌うことは絶対に嫌」というのが、私の美学のひとつです。だから、いつステージに立ってもいいように、柔軟・ストレッチ、そして筋力アップトレーニングをデビュー当時から毎日欠かしません。

すべて自己流の運動ですが、自分なりに体の構造や筋肉の仕組みも勉強しました。幼い頃から身につけたバレエなどのダンスの基礎があることも幸いして、「二の腕がたるんできたから、この筋肉を動かそう」といったことはわかります。

トレーニングの最終目的は、やせることではありません。新陳代謝を上げて、太りにくい体質をつくることです。人は年齢とともに代謝機能が落ち、老廃物が出にくくなって太りやすくなったり、肌のツヤやハリがなくなります。私は簡単な運動を毎日続けることで、効率のいい代謝をキープしています。実際、夜中にお菓子やパンを食べても太りませんし、お風呂に入れれば、すぐに汗がたくさん噴き出します。

お肉や菓子パン、粉ものや脂っこいもの、甘いものも大好きです。食事制限をしない代わりに、ちょっとした運動を毎日続けているのです。

私がやっている柔軟、ストレッチ、筋トレは、決して難しいものではありませんし、特別な器具も必要ありません。たとえば、椅子に座っているときに両足をちょっと浮かせて腹筋を鍛えるとか、日常の中で簡単にできることです。あるいは、テレビを観ながら、食事をしながら、お風呂に入りながらと、「ながら」でできることばかりです。

私の方法をそのまま踏襲する必要はまったくありません。体力差、個人差、年齢差を考えて、それこそ「1日腹筋10回」でもいいのです。逆に体力があるなら、もっとハードな運動をしてもいいでしょう。何も1時間みっちりやらなければいけないわけではなく、それこそ3分でもいいのです。自分の年齢や体調に適した、毎日続けられる無理のない運動を取り入れてみてください。

日常生活の中には、体を鍛えるヒントはたくさん転がっています。雑誌やネットなどでも、そうした情報はすぐに見つけることができるはずです。わざわざジムやエステに通うより、時間もお金もかかりません。

何よりも大事なのは、とにかく毎日続けること。実は、それがいちばん難しいのです。毎日続けられないのは、はっきりした目標がないからです。とりあえずやせたいとか、漠然と健康をキープしたいというのでは、どうしてもモチベーションは落ちていきます。

今はパツパツで入らないけれど、若い頃に買ったお気に入りのワンピースをもう一度着るぞとか、体力をつけてゴルフが上手になりたいなど、まずは具体的な目標や目安のようなものを設定するのがおすすめです。

私はそれほどストイックな性格ではありませんから、「今日はもういいかな」「明日、2倍やればいいか」と思う日もあります。でも身近なところに目標を設定していれば、運動が日常的な習慣になってきます。毎日続けているうちに、運動しないとなんだか落ち着かない気持ちになってくるのです。

私も、お気に入りの細身のジーンズがあって、ときどきそれに足を通しては、「ちょっと太ももがきつくなったたな」とか、「腰回りがたるんできたかも」、とチェックして、意識を高めるようにしています。

自分に甘い人が多すぎる

いつまでも元気に若々しく、そしてキレイをキープしたいと女性なら誰もが願うはずです。みなさん、意識の高い方はそれなりに努力もされているでしょう。しかし、私からすると、まだまだ自分に甘い人が多いと思います。

私の周りでもスリムになりたいとか、アンチエイジングしたいと、ジムやエステに行ったり、高い化粧品を使っている人がたくさんいます。ところが、よくよく話を聞いてみると、家ではゴロゴロしたり、肌のケアがおろそかなまま寝てしまったりしています。

せっかく時間とお金をかけても、これではプラスマイナスゼロです。「思い出したように努力する」のではなく、難しいことですが、「常に努力し続ける」、それでこそ若さや美しさは保てるのです。

私はエステにもジムにも行かないし、ダイエットもしませんが、家でできる細かいことを毎日積み重ねてきました。だから不規則な食生活で睡眠不足でも、体型がキープできるし、肌の衰えも最低限にとどめられているのです。若返ることはありませんが、現状を維持するだけでもいいのです。

個人差もありますから、努力をすれば望んだ通りの結果が出るのかと言えば、保証の限りではありません。でも、何もせずに向こうから若さやキレイがやってくるなんてことは皆無です。結果を出すにはまず努力すること、それ以外にないのです。楽な道を選んでいるようでは、美しく老いることなどできません。

人間は基本的に、やはり弱い生き物だと思います。特にある程度の年齢になれば、もう年だからと弱気になったり、あきらめたり、甘えや気の緩みも出がちです。

私はそういう自分の中の弱さに負けたくありません。負けてしまったら、年齢を理由に言い訳したり、厚かましくなったりして、自分を貶《おとし》めることになります。結局は、周りにも迷惑をかけることになると思うからです。

だから、私は自分を甘やかさない。自分にはちょっと厳しすぎるぐらいがちょうどいいのです。気力と体力が続く限り、全力で年齢に抗います。

体型をキープするために、私は鏡を活用しています。お風呂に入るときは必ず全身を鏡に映してチェック、外出するときは玄関にある大きな鏡で服装もチェックします。子どもの頃からバレエや日本舞踊、ダンスなどは鏡を見ながら練習していましたから、それが習慣になっているのでしょう。

鏡は自分を確認するために必要不可欠なツールです。鏡を頻繁に見ていれば、日常の変化がわかります。たとえば、お腹が出てきた、姿勢が悪くなってきた、肌のツヤやハリなどの変化も、日々鏡でチェックすることで確認できるのです。

自分の目で直接、確認したことですから、人から指摘される以上に「何とかしなくては」と切実になり、ケアしようという気持ちになります。こまめに鏡を見るだけで、確実に意識が変わってくるのです。

食事はストレスフリーがいちばん

毎日の運動を欠かさないおかげで、食事制限もしていません。

無添加の食材やオガーニックのものしか食べないということもないですし、ジャンクフードはいっさい食べないどころか、大好きです。そうしたストイックな食生活のほうが芸能人っぽいという人もいますし、年齢的にもよさそうに思えますが、私はまったく気にしていません。自分の好きなものを食べたいだけ食べています。

ただ、牛肉や豚肉、キムチ、きのこ類やチーズなど、自分が好んで食べているものや献立は、結果的に健康にも美容にもいいものばかりです。これはたまたまかもしれませんが、自分の体と常に向き合っていることで、自然に体が欲しているものを選び取れているような気がします。

食事療法が必要な方は別ですが、カロリーやコレステロールを過剰に気にせず、もっと食事を楽しみましょう。毎日の運動を欠かさなければ、代謝のいい太りにくい体質が手に入れられるはずです。ストレスなく食事を楽しむことで、心にも栄養を届けることができます。結果的に若さやキレイをキープすることにもなります。

食事について私がいちばん気をつけているのは、栄養が偏りすぎることです。というのも宝塚時代、お好み焼きと焼きそばが大好きで、毎日、そればかり食べていたら、栄養バランスが崩れて口内炎ができてしまったからです。それも口の中だけでは収まらず、外側にまで。さすがに、同じものばかり食べ続けるのは体によくないのだと学び、それからはいろいろな食材をバランスよく摂ることを心がけています。

「体にいいこと」についてのアンテナはずっと張り続けていますし、アンテナに引っかかったことは、とりあえず試してみます。

自分が尊敬する人が言ったこと、たとえば私なら、サッカーのメッシ選手（FCバルセロナ）が「これはとても体にいい」とテレビや雑誌で話しているのを見たら、それもすぐに取り入れます。尊敬する人が言うことなのだから、絶対にやってみる価値があると信じているからです。

そして試してみた結果、自分に合わなかったり、あまり効果を感じないと思ったことはやめますが、「いいな」と思ったことは続けるのが私の流儀です。

最近では、牛乳とヨーグルトとヤクルトは、ほぼ毎日のように摂っています。どれもスーパーやコンビニなどですぐに手に入るお手軽さも気に入っているので、ストックを欠かすことはありません。

逆にサプリメントは長続きしませんでした。人からすすめられたり、業者の方から使ってみてくださいといただいたりで、いろいろな種類のサプリメントを試してみましたが、私には必要なかったようなので、やめてしまいました。かといって、今後いっさいサプリメントは飲まないと決めたわけでもありません。自分に合うものが見つかったら、きっと飲み続けるでしょう。

何だか節操がないようですが、何事も試してみなければ始まりません。自分に合うか合わないか、効果があるのかないのか、自分で体験しなければ、わかりようがないのです。やってみてダメだということがわかったからそれでよし、やってみてよかったならいいものに出会えてラッキーと、前向きに柔軟に挑戦していくことが、私にとっていちばんの健康法になっているのかもしれません。

年齢を重ねると、食べ物についても保守的になりがちです。若い頃は嫌いで食べられなかった食材が、ある年齢になるとなぜか好物になってしまう。そんな話もよく聞きますから、先入観を持たずにチャレンジするのもいいでしょう。新しい発見があるかも。

気持ちのこもった「ありがとう」「ごめんなさい」が言えるか

食べるという行為には人柄や教養が表れます。私たちくらいの年齢になったら、何を食べるかだけでなく、どうやって食べるかにも気を遣うべきでしょう。

外見は年齢なりに上品そうに見えても、クチャクチャと音を立てて食べたり、はしの持ち方がおかしかったりすれば、それまでの経歴や経験すら否定されてしまいかねません。年齢を重ねるほどに、食事のマナーやエチケットには注意深くなるべきです。

この年齢になってから、食事について気づいたことがあります。それは、食事をごちそうになるときのマナーです。

ごちそうしてくれる方が、「どうぞ、お好きなものを」とすすめてくれても、ごちそうになる側は「いえいえ、お先にどうぞ」とか「とんでもない、そちらで決めてくださいませ」と譲るのが、大人としてのエチケットというものでしょう。あまりへりくだりすぎても逆効果ですが、相手の顔を立てるようにするのは最低限の大人のマナーです。

ところが、我先にとはしをつけたり、人のお金だと思って相手の好みも考えずに注文する方がいます。若い方ならそれでも許されるでしょうが、私たちくらいの年齢にもなってそれをするのは見苦しい限りです。

私自身も何度か経験があります。友人や後輩を何人か誘って食事に行ったときのことです。お酒が好きなことはわかりますが、何のエクスキューズもなく、「生ビール、◯杯追加ね！」とか「焼酎、ロックで！」と店員さんに次々と注文するのです。果てはフルボトルのワインを何本も……。

実は私はお酒がまったく飲めないので、よく飲むなと感心しつつ、あまりいい気持ちはしません。お金を払いたくないわけではなく、明らかに大人としてのマナーの問題です。切なくさえなります。

もちろん私から誘ったわけですから、みんなには楽しんでもらいたい。年長者である私が払うことは承知のうえですし、みんなも私が支払うことはわかっています。

でもだからこそ、もうちょっと常識的な気遣いがあってもいいのではないかと思うのです。少なくとも私がごちそうになる立場なら、「ワインをいただいてもいいですか」と一言断りを入れます。そうした気遣いの一言があるかないかで、お金を払う側の気分は全然違ってくるのです。経験値の浅い若い時代なら笑って許されても、私たちの年齢になったら恥ずかしいことです。

お金を払う側にも注意すべきことがあります。それは見返りを求めないことです。私たちの年齢でそれをやってしまったら、ただのセコい高齢者です。お金を払ってやったのだから感謝しろとか、これで貸しをつくったなどと恩着せがましくなれば、器の小さい人と思われてしまい、自分自身の人望を落とすだけです。

食事をごちそうになったときなどには、お礼の言葉も絶対に欠かせません。「ごちそうさまでした」「ありがとうございました」といった感謝の言葉がないのは論外ですが、感謝を述べるにしても言い方というものがあります。

とりあえず言っているだけの「ありがとうございました」と、気持ちのこもった「ありがとうございましたぁー」とは、まったくの別物です。言われた側はどちらなのかハッキリわかります。また誘おうと思うか、もういいやと思うか、つまりは今後の付き合い方まで変わってくるのです。その人の人間性まで透けて見えます。

それは食事のときに限ったことではなく、どんなシーンにおいても共通することです。同じ言葉でも、言い方や伝え方で、相手の受ける印象はまるで違ってきます。ただ言えばいいというものではありません。どんな気持ちの伝え方をすれば心が伝わり、相手に対して失礼にならないかは、自分に置き換えてみればわかることです。

そもそも何をごちそうになるにしても、当たり前のことではありません。たとえコーヒー1杯でも、自分のために身銭を切ってくれた、その行為自体がありがたいのです。そのことを喜び、心からお礼を言えないようでは人としてどうかと思います。ましてや、私たちの年齢になってそれができないのでは、お話になりません。

お金を払ってもらって当然という態度を取る人は結局、嫌われて孤独になるだけです。気持ちのこもった「ありがとう」が言える人は、いくつになっても人から好かれますし、かわいがってもらえます。

「ごめんなさい」も同様です。自分が悪かったら謝意をきちんと伝えることが、大人として最低限のルールであり、マナーです。人として「ありがとう」「ごめんなさい」を素直に言える、素敵な高齢者でありたいと思います。

コンビニのコスメをあなどってはいけない

体にいいことだけでなく、興味を持ったことはとりあえず試します。たとえば、コスメグッズです。今はどんなものが人気なのか、流行に敏感な若い女の子たちは何を使っているのか気になるので、雑誌やネットでチェックしています。「いいな」と思ったものは、高価なものでも、100円均一のものでも、とにかく一度は買って使ってみます。

ドラッグストアやコンビニで新商品のコスメを見つけたときも、かなりの確率で購入しています。最近のコスメグッズはものすごく進化していて、特にプチプラ（安くてかわいい）のコスメは本当にあなどれません。

ブログやインスタをやっているので、こんなのを買いましたとか、使ってみた感想を紹介することもあります。すると、「私も同じコスメを使ってます」「参考になります」といったコメントをいただくことが多く、それもまたうれしくて励みにもなるのです。

ただ一方で、「ＳＮＳに上げるのはシャネルやディオールといった高級ブランド品だけにして、１００均やコンビニで買ったものはやめたほうがいい」と言う人もいます。イメージが崩れるし、芸能人は夢を売る商売なのだから、ということでしょう。

確かに、芸能人が使っているものや身につけているもの、あるいは外出先は、常にハイブランドや上等なものであり、だからこそファンが憧れるという時代もありました。でも今は違います。

情報化社会が成熟し、ＳＮＳが一般的になったことで、ファンとの距離が縮まり、よくも悪くもプライベートがオープンになる世の中です。妙な見栄を張ったところで、「無理してる」「盛ってる」と失笑されるか、「自慢かよ」と非難されるのがオチです。

そもそも今夜は高級ディナーをいただきましたとＳＮＳに上げる一方で、家に帰って小腹が空いたらカップ麺をすすっていたりするものです。それならカップ麺の話も上げないと、何だか嘘をついている感じがしてしまうのです。

もちろん、秘すれば花というもので、何でもかんでもあけっぴろげにすればいいというものではありません。しかし、私は気取ってみたり、格好つけるのは、まさに夢の世界を提供するステージの上だけでいいと思っています。

いったんステージを降りたら、ひとりの女性として素のままでありたい。カップ麺をすすっている素の自分を伝えることで、ファンの方たちに楽しんでもらったり、おもしろがってもらえるのです。

タレントとファンとの差が縮まったことについては賛否両論あるでしょうが、私はそれも令和の芸能界の流れだと思っています。

メイクを変えて新しい自分を発見する

コスメといえば、いつも同じメイクや髪型で、同じ化粧道具でなければ嫌という人もいますが、私は番組内容や衣装に合わせてヘアメイクを変えています。「これ！」と決めて不変を貫くのも、ひとつのアイコンになっていいとは思いますが、私は違います。TPOを考えながら、あれこれ変身するのが好きですし、それを楽しんでいます。流行りのメイクにもどんどんトライします。

プライベートも同様で、どこに行くのか、誰と会うのか、何をするのかといったことを考えて、ヘアメイクを変えています。

あれこれ変えるのは面倒くさいという人もいるでしょうが、今は選びきれないほどたくさんのコスメグッズがあり、メイクによっていろいろな自分に変身することができます。こんな自分やあんな自分を自ら演出することで、日常の刺激にもなるし、新しい自分の魅力にも気づけますから、億劫《おっくう》がっているのは損だと思います。

私くらいの年齢になるとずっと家にいて、「あまり外出しないからお化粧はしない」という方が多いようです。でも、メイクによって気持ちが明るくなったり、元気になったりもします。買い物に行くとき、映画に行くとき、旅行に行くときなど、目的や行き先によってメイクを変えることで、新たな楽しみを発見してください。

なぜメイクをするのかと言えば、キレイになるためです。だったらメイクはうまいほうがいいに決まっています。

　私もメイクはかなり研究しました。18歳で芸能界に入り、いやでもお化粧をして人前に出なくてはならなかったからです。デビューした当時はヘアメイクさんをつけてもらえなかったので、お化粧が下手でも自分でするしかありませんでした。

　テレビに映った自分を見ては、いつも「ブスだなあ」とガッカリ。お化粧はうまいほうが絶対にいいと痛感したのです。自分で化粧道具をそろえて、家でメイクをしては落とすことを何度も何度も繰り返して練習しました。

　デパートの化粧品コーナーで、販売員さんにメイクのコツを聞いたこともあります。ヘアメイクさんをつけてもらえるようになってからは、メイク室で質問攻めです。話を聞きながら目の前の鏡を見て、ヘアメイクさんのテクニックを盗み、頭に叩き込みました。それを家に帰ってから納得いくまで再現するのです。

　少しずつテクニックを磨いていくうちに、「なるほど、メイクは絵のように凸凹や遠近法をうまく使って、いかに人の目を錯覚させるかなんだ」とわかりました。基本がわかると、メイクをするのがいっそう楽しくなります。実際、メイクの手法や色使いによって、自分がどんどん別の自分になっていくのですから、ワクワクしてきます。

今は本や雑誌などだけでなく、ネットでメイクの基本はいくらでもわかります。ネット環境がないなら、デパートの化粧品コーナーで聞いてもいいでしょう。新しい自分を発見できるし、人生が広がります。新しいあなたになって、周りの人を驚かせてください。

スキンケア商品はブランドより肌との相性

「時短メイク」や「オールインワン」のコスメは人気がありますが、メイクには時間をかけるべきだというのが私の持論です。お子さんの世話に追われているお母さんのように、1分1秒が惜しいという方は別ですが、私たちのような年代だったら、自由になる時間はあるはずです。時間をかけて丁寧にメイクしてください。

特に下地とファンデーションは、家を建てる基礎工事と同じで、ここがしっかりしていないと家が崩れるように化粧崩れが起きて、二度手間になるだけです。だから、私は下地とファンデーションはものすごく丁寧に塗ります。

時間をかけるだけでなく「こんな顔にしたい」という意図を持つことも、メイクをするうえで重要です。とりあえずメイクをするというのでは、全部がとりあえずになってしまいます。たとえば、眉はいくらでも修正できるのに、とりあえず自分の眉の形通りでいいかとそのまま描くから、お多福みたいになってしまうのです。

せっかくメイクしたのにかえってバランスが悪くなったり、手早く済ませるつもりが「あれ？　気に入らない」と、結局はやり直しになったのでは、元も子もありません。

逆に自分はどういう顔になりたいのか、どんな顔にしたいのかということを決めておけば、そのゴールに向かってメイクをすればいいだけです。失敗しづらくなりますし、やるべきことが明確ですから、結果的にメイク時間も短縮できます。

私の場合は、「今日はモンロー風にしよう」とか、「ヘップバーン風もいいな」など、往年のハリウッドスターを参考にしています。「今日は○○になろう」と考えることも楽しいですし、コスメグッズを選びながら気持ちが盛り上がります。

確かに面倒くさいですが、メイクとは本来、楽しむため、心を豊かにするためのものです。「身だしなみのために、いちおう」と事務的では、上手にメイクできるわけがありません。楽しみながらメイクすることを意識しましょう。

私たちくらいの年齢になったら、若いときよりいっそうスキンケアに力を入れることも重要になります。お肌は、いわばキャンバスです。キャンバスにトラブルがあったら、天才画家でも上手に絵を描けないように、いくらメイクの達人でも、肌トラブルがあれば上手にメイクすることはできません。

スキンケアでいちばん大切なのは、ブランドやうたい文句より、とにかくどれだけ自分の肌に合っているかということです。私もスキンケア商品は、ありとあらゆるものを試してきました。その中から自分にピッタリのものを使っています。たいていの化粧品にはトライアルセットやサンプルが用意されているので、まずは試してみてください。

ちなみに今は、資生堂の「クレ・ド・ポー　ボーテ」にハマっています。このスキンケア商品を使うようになったのは、CAさんに聞いたことがきっかけです。乾燥する飛行機の中でお仕事をしているCAさんは、美容に詳しい方が多いのです。彼女たちは海外に行く機会も多いので、日本だけでなく海外のコスメ事情にも精通しています。

飛行機に乗る機会があったら、CAさんに相談するのもいいでしょう。何ごともその道に詳しい人に聞いてみるのは大切なことだと、改めて実感しました。「もう○歳だから」などと思わず、わからないことがあったら積極的に、恥ずかしがらずに聞くべきです。

スキンケアは「ライン使い」をするものといった考え方もありますが、すべてが自分に合うとは限らないので、私は気にしていません。臨機応変にいちばんお肌に合うものを選ぶことが最優先です。

ファッションに年齢制限なんてありえない

ファッションについても、68歳という年齢を意識することはまったくありません。それこそ夏になればおへそ出しもしますし、生足で超ミニもホットパンツだってはくことがあります。「いい年をして」と顔をしかめる方もいるでしょうが、恐れずにそうしたファッションにチャレンジできるのは、50年以上も努力を続けてボディラインをキープしているからです。努力した結果なのです。

そもそも直接、誰かに迷惑をかけているわけではないのですから、私からすれば「着たい服を着る。別にいいでしょ」というところです。もちろん、TPOはしっかりわきまえています。親戚の家にクルマで遊びに行くときは、気心が知れた仲ですし、ジャージの上下を着ることもあります。ただし、仕事のときは別です。仕事の内容に合わせて、カジュアルやフォーマル、シック系などを臨機応変に使い分けています。

メイクと同様に、ファッションも本来は自由なものです。「もう○歳だから、こんな格好はよくない」とか、逆に「高齢者はこういう服を着なければいけない」なんて決まりはどこにもありません。

大人のエチケットさえ守っていれば、年齢などは気にせず、自分の好きなファッションやメイクを楽しむべきです。ファッションやメイクは、元気をくれるだけでなく、何より年齢的に沈みがちな気持ちを華やかにしてくれます。

あれこれと洋服を選んだり、メイクや髪型を楽しめるのは、あらゆる生き物の中でも人間だけです。その特権を生かさない手はありません。

芸能人である前にひとりの人間

見た目だけでなく、美しく年齢を重ねるには「意識」も重要です。年を取るにつれ、どうしても初々しさは薄れて、恥じらいを忘れがちになります。だからこそ鈍感になっていく自分に気づき、注意していく必要があるのです。

いくら見た目を気にしていても、大人の女性としてのデリカシーや心遣い、優しさがなければ台無しです。どんどん品性が卑しくなっていき、人の心にずけずけ入っていくようなことを平気でしたり、周りの迷惑を考えずに大声でおしゃべりしたりするなど、無神経で無遠慮な高齢者になってしまいます。

高齢者だからそのくらい許されるだろうとか、もう年なのだからいいやと投げやりになり、自分に甘くなることも、心を醜くする一因です。知らないうちにそうなっていないかを、胸に手を当ててよく考えてみてください。思い当たることがあれば、自分で自分を律していくべきです。

要はどれだけ美意識を高く持ち、自分に対しても周囲に対しても気を配るかということです。年齢を重ねるほど、そうした高い意識が求められるのです。私は無神経で偉そうな人間にだけはなりたくありません。毅然と品よく年齢を重ねたいと思っています。気品と教養を失わない、凛とした素敵なおばあちゃんを目指します。

生前の母から言われた「芸能人だから、売れたからといって偉くない」という言葉が、今も胸に残っています。「芸能人である前に、ひとりの人間としてどうあるべきか」を常に考えてきました。つまり、「謙虚であれ」ということです。

取材や撮影のとき、当然のようにスタッフがサッとドアを開けてくれたり、お弁当が用意されています。ところが、そうしたことのひとつひとつが、実は当たり前のことではないのだと、いつも肝に銘じています。

誰かが自分のために労力や時間、お金を使ってくれているわけですから、そのことをありがたい、申し訳ないと感じられなくなったら、芸能人としてだけでなく、人として終わりでしょう。若い頃ならともかく、私くらいの年齢になってそれがわからなければ、「いい年齢を重ねている」とはとても言えません。

心のありようは顔つきや雰囲気、年齢にも表れるものです。謙虚で人への感謝を忘れない人は優美でいい年齢を重ねていますが、傲慢で自己中心的な人はさもしくなります。いつまでもキレイをキープしたい、いい年を取りたいたいと思うなら、外見を磨くばかりでなく、内面も磨くべきでしょう。

私たちくらいの年齢になれば、相手に自分の気持ちを伝えることも大切です。どんなにささいなことでも、「ありがたい」「申し訳ない」と思ったときは、その気持ちをきちんと相手に言葉として伝えることです。いくら思っていても、思っているだけでは相手には決して伝わりません。

たとえば、お土産をいただいたとします。その行為は当たり前ではなく、私のためを思ってのことですから、気持ちのこもった感謝の言葉を伝えるのが礼儀です。その言葉の積み重ねのうえに、良好な人間関係が成り立っているのです。

そもそも芸能界に限らず、どんな仕事でも、もちろんプライベートでも、人とかかわらなくては生きてはいけません。ならば、お互いに楽しく気持ちよく過ごせる良好な関係をつくりたいと思うのは当然です。そのためにはどうすればいいのかを考えれば、やはり謙虚さと感謝の気持ちを忘れないことがいちばんです。

ハマったらとことん極める性分

性分なのか、分析魔でとにかく好奇心旺盛です。流行っているものは何でも気になります。どうしてこんなに人気なのだろう、なぜみんな夢中になっているのだろうと思うと、試さずにはいられません。最近のことで言えば、タピオカも飲んでみました。

とにかく一度試してみて、自分に合うか合わないか、おもしろいと思うかそれほどでもないかを確認します。そして自分に合う、おもしろいと思ったものは突き詰めます。

私がデビューした頃は、今では想像もつかないほどのボウリングブームでした。実は、歌手デビュー前に「パンチアウトボウル」（現・テレビ東京系）というボウリング番組の司会をしていたことがあります。見ているうちに興味がわいてきました。

さっそくやってみたらハマってしまい、マイボール、マイシューズをすぐにあつらえ、プロの先生について教わりました。ちょっとでも時間があれば、ひとりでボウリング場に通って、何ゲームも練習した記憶があります。ボウリング番組では何度も優勝したことがありますし、ベストスコアは２６３です！

突き詰めたといえば、麻雀もそうです。20歳頃の話ですが、コンサートで地方に行くとマネジャーやバンドのメンバー、コンサートのスタッフもみんな、ステージが終わってホテルに戻ると、朝までずっと麻雀をしていました。

疲れているはずなのに、いい年齢の大人が集まってこんなに夢中になっているのはなぜだろう。それが不思議で私も一緒になって見ているうちに、ルールもわかってきます。なるほど確かにおもしろい。みるみるうちにハマってしまい、そこからは分析と研究です。あっという間にみんなと対等に打てるだけの腕前になったのです。

麻雀は脳トレ代わりにもなるし、とにかく頭を使います。私ぐらいの年齢で本格的に麻雀を打てる女性タレントは少ないせいか、麻雀番組の「ＴＥＨわれめＤＥポン」（フジテレビ系）に呼んでいただけて一石二鳥です。この番組で３度の優勝経験があります。

「もう○歳」と思った時点で成長は止まる

最先端のことや流行も気になります。スマホは最新機種が出たら、すぐに機種変更するようにしています。ブログやインスタをやっているので、最新機種にすればもっといい写真が撮れるのではないか、もっと使い勝手がいいのではと、興味が尽きません。どんなことに対してもとことん研究して、分析して、極めることが好きなのです。

私ぐらいの年齢になると、スマホに限らず、あらゆることにどうしても保守的になりがちです。それは残念なことであり、何より自分の可能性を狭める結果になります。

もちろん、新しければすべていいというわけではありません。しかし、新しさを頭から否定するのは、頭も心も凝り固まっていると同時に、どこかで自分をあきらめてしまっている証拠です。あきらめたらそこでおしまいです。今に立ち止まったまま、もう成長はありません。よくて現状維持、たいていは退化の一途をたどるだけ。いくつになっても、学べるし体験できることはたくさんあるのに、もったいないことです。

年齢を重ねると、新しいものに対して拒否反応を示しがちです。しかし、拒絶から入れば何事もそこで終わってしまいます。たとえばメイクにしても、若い女の子たちの間でキラキラ系が流行しているのに、「自分はもう○歳だから」と試しもしないで最初から敬遠することになります。

でも、試してみたら、思いのほか似合うかもしれないし、新しい魅力に気づけるかもしれないのです。そのメイクがきっかけで、若い女の子やこれまであまり縁のなかった相手とのコミュニケーションが生まれることもあります。

試してみて、やっぱり自分には合わないと思うのなら、もうやらなければいいだけのことです。自分には向かないのだなと、ひとつ勉強にもなります。「食わず嫌い」では、可能性は広がらないと思ってください。

どちらに転んでも得るものは必ずあるわけで、大げさに言えば自分を進化させることになるのです。ところが、拒絶から入れば、得るものは何もありません。

年齢を重ねるほど自分なりの価値観や行動パターンが決まってきて、どうしても世界が狭くなり、自分の殻に閉じこもりやすくなります。年齢を重ねたからこそ、何にでも首を突っ込んでみるぐらいの気持ちが必要なのです。

私も68歳の生身の人間ですから、自分で感じていないだけで、実際は若い頃に比べたら年齢的に衰えていることは否定できません。

ただ、そこは意識の持ちようです。最初から「もう68歳」だと思ってあきらめてしまうのか、「まだ68歳」だと考えて前向きになるのか、そこが大きな違いであり、ほんの少しの意識の差なのです。

わからないことを人に聞くのは恥じゃない

自分から新しいことに挑戦できないのなら、せめて「これはどう使うの?」「どういう意味かしら？」と、人に聞いてみる好奇心や探求心は失わないようにしてください。私自身も、わからないことをわからないままにしておくのは嫌なので、詳しい人に聞いたり、スタッフに尋ねたりと、納得できるまでとことん突き詰めます。

相手は内心で、「いい年をして、こんなことも知らないのか」と呆れているかもしれませんが、知ったかぶりをしているほうがよほど恥ずかしいことです。取り繕ったところで相手に見透かされて、二重に恥ずかしい目に遭うだけです。まさに、「聞くは一時の恥、聞かぬは一生の恥」というものです。

そうやって自分自身を最新の状態に更新していく、日々自分アップデートし続けることは、ある意味において究極のアンチエイジングなのかもしれません。

一方で、他者の意見に素直に耳を傾ける謙虚さも必要です。

何歳になろうが、どれだけのキャリアがあろうが、聞く耳を持たなくなったらおしまいです。自分の信念をきちんと持って、ブレずに己を貫くことは素敵なことですが、己を貫くあまり頑固になってしまったのでは逆効果。周りの意見やアドバイスをまったく聞かないのであれば、裸の王様になるだけです。

もちろん、周囲の意見がすべて正しいわけではありません。取り入れるべきと思ったアドバイスだと思えば取り入れればいいですし、そうでないと判断すれば馬耳東風でもいいのです。「こんな意見もあるんだな」と、ここでもまた学習することができます。

ただし、注意しなければならないこともあります。最近はSNSなどで、親切を装いながら心無い言葉を投げかけてくる人がいます。ネット上ではちょっとしたことで誹謗《ひぼう》中傷を受けることもありますし、最初から叩くことが目的の人もいます。それだけに、聞く耳を持つと同時に、それが建設的な意見なのか、本当に自分のためを思ってくれているのか、正しく分析することが必要です。

SNSではポジティブな内容より、ネガティブな内容のほうがインパクトも大きく、ついついマイナスの気持ちに引きずられがちです。しかし、あまり気にしすぎるとストレスが溜まる一方ですから、もしSNSを始めるなら、悪口は気にしないぐらいのメンタルの強さも必要でしょう。

第五章

残された人生をひとり豊かな気持ちで過ごすために

終生の生きがいは「自己分析」で見つける

デビューしてから、ずっと仕事漬けの毎日でした。食事に行くにしても仕事がらみだったり、たまの休日も結局は次の仕事の準備で終わります。

しかし、ここ数年は比較的のんびりです。仕事量が減ったということですから切ないことではありますが、嘆いていたところで何がよくなるわけでもありません。そこで、「暇になった」ではなく「自由に使える時間が増えた」とシフトチェンジし、プライベートや自分自身を大切にすることにもっと力を入れるようになりました。

友だちと食事に行ったり、気の合う仲間たちとの交流を深めたり。もちろん大好きなサッカーを好きなだけ観ることもできます。その結果、仕事での充実感とはまた違った豊かさを味わっています。

定年を迎えたり、子育てを終えて目的を失った気持ちになっている方も多いことと思います。しかし、私のようにシフトチェンジしてみれば、新たなやりがいや生きがいは必ず見つかるはずです。自由に時間を使えるのはぜいたくなことです。それに気づけず、「暇だ」「退屈だ」と文句ばかりでは、人生を損しているも同然です。そう思うと、イライラすることもなくなりました。イライラしても得ることは何もありません。

「自由に使える時間が増えた」となれば、その時間に何をするかが問題です。時間を埋めるだけのものなら、いろいろとあると思います。でも、時間だけが埋まっても、心が埋まらなければ、むなしいだけです。

私の場合、今のところ恋愛も再婚もその気がまったくないですから、これから先はひとりで生きていくことを前提に、終生向き合うことのできる生きがいを真剣に考えなくてはいけません。この先の人生が何年あるかはともかく、いつかは芸能活動ができなくなる日もくるでしょう。「おひとりさま」の高齢女子として、長い時間をどうやって過ごすのかは難問です。

そもそも私ぐらいの年代の方は、時間の使い方が下手です。「家族は何もしてくれない」「今のテレビはおもしろくない」と、相手のほうから何かしてくれたり、自分に合わせてくれるのを待っているばかり。自分で何かおもしろいことを見つけ出そうという努力が足りないのだと思います。少しでも自分のアンテナに引っかかったことは、とりあえず調べてみたり、試してみるべきです。

「いい年をして」とか「今さら無理」などとは思わないでください。世間体など自分が気にするほど、誰も気にかけていません。やってみなければ無理かどうかもわからないのです。年齢も関係ありません。

あれこれやってはいるものの、好きなものがなかなか見つからないという方もいると思います。そうした方は、もっと自己分析をするべきです。私の場合なら、体を動かすことが好き、負けず嫌い、分析魔でとことん追求したいタイプと、自分で自分のことを理解しているので、スポーツが向いているとわかりました。じゃあサッカーを観てみよう、テニスはどうだろう、と的を絞ってきたのです。

いろいろチャレンジすることはいいことなのですが、手当たりに次第になっては、かえって時間も労力も無駄にすることになります。時間はたっぷりあるのですから、自分はどんな性格なのか改めて見つめ直してみましょう。

自己分析ができると、生きがいを見つけやすくなるだけでなく、自分の個性と足りない部分が浮かび上がってきます。すると、個性を伸ばしたり修正しなければならない点が見えてきますから、自分を成長させるきっかけをつかめるわけです。

「楽しむ」のは上達してからのこと

体を動かすことが好きな方なら、終生の趣味としてダンスはおすすめです。ダンスはエンターテインメントであり、芸術であり、さらにスポーツのひとつです。手足の筋肉や背筋や腹筋はもちろん、首筋に至るまで、それはもう全身の筋肉を使います。

踊っているうちに自然に体が鍛えられて、いいスタイルや姿勢をキープすることもできます。代謝も上がりますから、体の内部からもキレイになれます。そのうえ、しっかり踊れるようになると本当に楽しいですよ。一石二鳥どころか一石三鳥です。

若い人たちばかりでなく、むしろ還暦を過ぎた人こそ、ダンスを始めるべきです。中高年の方が入門編としていちばん入りやすいのは、社交ダンスでしょう。ただ、ダンスにはさまざまなジャンルがあります。個性に合ったダンスにチャレンジしてください。

趣味として「楽しむ」ことは、何よりも重要です。楽しくなければ長続きしません。ただしより楽しみたいのなら、初心者にとどまっていてはダメです。それぞれのレベルでの楽しみ方もありますが、もっと上のレベルに行けば、もっと楽しいことが待っています。

最近は「楽しんできます」「楽しんでやります」という言葉を芸能人やスポーツ選手がよく使います。しかし、私には疑問です。「いやいや、あなたがその言葉を使うのはまだ早いでしょ」と思うときがしばしばあります。

「楽しむ」と言えるのは、ある程度の水準に達して、結果を出してからのことです。プロ野球なら二軍の選手、サッカーならJ2の選手がその言葉を口にするのを聞くと、首をかしげたくなります。

いろいろな経験を積んで、自分なりに研究もして、練習や努力を重ねて、そして結果を出していかなければ、本当の意味で楽しめるレベルに達することはできません。厳しい言い方をすれば、苦しみもせず、血のにじむような努力もしないで楽しもうというのは、虫のいい話です。

年齢を重ねるほど、面倒くさいという気持ちが先に立ったり、自分はこれまで十分にやってきたという慢心が出やすくなります。自戒も込めて、努力し続けなければならないと思います。仕事もプライベートも、さらには人生も、自信を持って「楽しみます」と言える自分でありたいものです。

せっかくダンスなどの趣味を新たに始めるなら、ぜひ上達してください。上達する過程での努力を惜しまなければ、次元の異なる「楽しさ」を感じることができるでしょう。

サッカーに出会って世界が広がった

私にとってサッカー観戦は熱狂的な趣味であると同時に、さまざまなことを学び、自分の世界を広げてくれたものです。子どもの頃から毎日がレッスンで、芸能界という特殊な環境にずっと身を置いてきただけに、やはり世間知らずというか、狭い世界で生きてきたことは確かです。ところが、サッカーと出会ってからというもの、芸能界とは違うさまざまなジャンルの人たちと友だちになり、語り合うことで見聞が広がり、人生はより豊かなものになりました。

すでに打ち込んでいる趣味がある方はきっと私と同じ気持ちでしょう。趣味があるかないかで、本当に人生は変わるものです。趣味を始めるなら年齢は関係ありません。私自身もこれほどまでサッカーに夢中になったのは、50歳を過ぎてからのことです。いくつになっても夢中になれるものは見つかるはずです。

私は「分析」することが大好きです。サッカー観戦を楽しみながら、サッカーを分析することが終生向き合っていける最高の趣味と言ってもいいでしょう。

分析できない人は成長できないというのが私の持論です。たとえば、周りの人に「今日の私の仕事ぶりはどうだった？」と聞いたとして、そのとき「よかったです」だけで終わってはダメなのです。どこがどうよかったのかと、具体的に掘り下げて説明できないようでは成長できません。分析しないというのは、自分の頭を使って深く考えていないということです。何事に対しても意識が浅いままで終わってしまいます。

自分の周囲も含めて社会を見回すと、断言しない人が増えたことも気になっています。言葉尻を濁したり、どちらともとれる言い回しをしたり、逃げ道をつくったりと、何となく結論をぼかす人が多くなりました。それは結局、言い切るだけの自信がなく、責任を負いたくないからでしょう。

人に判断をゆだねたところで、自分の責任がなくなるわけではありません。人任せにしてまずい結果になったら、よけいにモヤモヤした思いをするだけです。

だからこそ、自分の頭でよく考えて分析することが大事なのです。自分なりの意見や価値観をきちんと持っていれば、自然と自信も生まれます。責任感も養われるはずです。

サッカーの試合を分析しながら、自分に落とし込んでいくと、新しい発見があります。自分の仕事に通じる部分もたくさんあって、とても勉強になります。

たとえば、ミスが多い選手にはボールが回ってこなくなりますが、信頼されている選手にはみんながボールを回します。「絶対にあいつはここにパスを出してくれる」と仲間を信じて走ることは、一般社会の人間関係や仕事上での信頼と同じです。

つまり、サッカーの試合を観ていると、社会の縮図が見えてきます。それを自分自身に置き換えて考えると、注意すべき点や、どう振る舞うべきかがわかり、とても勉強になるのです。特に、最終的に必要なのは、技術や才能より人間性だとわかります。個人的な技術がいくら卓越していても、周りとのコミュニケーションが取れずに信頼されていなければ、ボールは回ってきません。せっかくの才能が生かせなくなってしまうのです。人間形成においても、サッカーは大いに役立ちます。

もちろん、これはサッカーに限ったことではなく、あらゆる趣味に「楽しみ」と「学び」があります。「あっー、楽しかった」というだけで終わらせるのはもったいない話です。これはどういうことなのかと考えてみる、自分なりに研究して理解を深めていくと、得られるものはより大きくなるはずです。

徹底的に観戦して自分なりに分析する

私がサッカーにのめり込んだのは、サッカー史上最高の選手と呼ばれるメッシ選手がきっかけです。

もともとスポーツ全般が好きで、野球も相撲もテニスも観戦しますし、体を動かすこと自体も大好きですから、ダンスはもちろんゴルフもプレーしていました。

そんなスポーツ好きの私のアンテナが「サッカー界にメッシという17歳のすごい選手が現れた」という情報をキャッチしたのです。試合を観たとたん、すぐにその人間性と魅力に引き込まれました。

以来、メッシが出場する試合はすべて観戦するようになり、次第に彼自身のことも知りたくなって、調べているうちにメッシの人生そのものに感銘を受けました。そうなると、

「分析魔」として私の性分が止まりません。

メッシが出場する試合だけではなく、すべてのサッカーを観戦したくなりました。欧州四大リーグ（スペインのラ・リーガ、イングランドのプレミアリーグ、ドイツのブンデスリーガ、イタリアのセリエＡ）はもちろん、南米や中北米のリーグ、日本ならＪリーグから高校サッカー、U－17やU－12の試合まですべて、徹底的に観戦しています。

その環境を整えるため、地上波やＢＳ、ＣＳをはじめ、動画配信サービスにも加入しました。スマホやタブレット端末を常に持ち歩き、泊まりの仕事のときにはホテルにＷＯＷＯＷなどの受信環境を確認します。１日24時間３６５日、サッカーを観ないという選択肢はないのです。

それぐらい徹底して観戦すると、どんどんサッカーへの理解が深まります。それこそキックオフの前から試合展開を考えるようになり、思った通りの展開になると、「自分もなかなか見る目があるな」と自己満足してうれしくなります。どんな試合でも観ていると選手たちの人間性が浮かび上がり、それを自分なりに分析するのが楽しいのです。

試合結果はむしろ二の次で、勝敗を分けた理由や試合中、試合後の選手たちの振る舞いなどに注目しています。応援しているバルセロナが常に勝てるわけではないですから、負けたときに選手たちは次の試合に向けてどう気持ちを切り替えるか、ということも観戦のポイントです。

スポーツ観戦としては、ちょっと変わっているかもしれませんが、せっかく観るのですから、勝ち負けだけで終わらせたくありません。深層にあることを自分なりに分析、推察したほうがより楽しめるし、得るものも大きいと思います。

そもそも、勝ち負けだけなら、ニュースでハイライトを見ればいいという話になってしまうでしょう。でも、大事なのは選手たちがピッチに登場して90分間をどのように闘い、どのようなコンビネーションでゴールを決めたのかというプロセスです。そこにこそドラマがあり、感動も学びもあるのです。


そんなサッカー漬けの毎日を送っていれば、睡眠がおろそかになって当たり前です。睡眠時間を十分に確保することが、美容と健康の基本だとは思います。しかし、私は基本的に4時間ぐらいしか寝ません。真夜中に帰宅しても必ずサッカーを観戦します。ライブで観戦できるときは必ずライブで、再放送があれば同じ試合を何度でも観ます。

もちろん、次の日の仕事のことを考えたら、さっさと寝たほうがいいでしょう。でも、サッカーの試合を観るときが、私にとって至福の時間です。その時間を睡眠に充てることのほうが、私にとってむしろ休まらないのです。

ありがたいことに、デビューしてから寝る暇もありませんでした。職業的にショートスリーパーになっていたこともあり、睡眠時間が短いことなど何の苦でもないのです。どれだけの時間を寝るかより、どれだけ充実した一日を過ごしてから寝るか、それが私にとって最優先事項なのです。

ペットを飼うなら命を預かる覚悟と愛情が必要

私には生涯一緒に暮らしたい相手がいました。そのお相手は愛犬のルルです。

ペットがいる暮らしは本当に素晴らしいものです。そこにいてくれるだけで自然に笑みがこぼれたり、和んだりします。散歩に連れて行ったり、ご飯をあげる日常の世話も楽しみになって、本当に毎日が明るく、ハッピーなものになるのです。

もちろん、動物が苦手な方もいますから押しつけるつもりはありませんが、ペットを飼える環境にあるなら、ぜひ飼うことをおすすめします。特に私のような年齢になって、ひとり暮らしをしている方にはなおさらです。

ペットは家族とよく言いますが、私にとってルルは家族以上であり、恋人であり、友であり、先生でもあり、私のすべてでした。

ルルが強力な心の支えであったことは言うまでもありません。仕事的にも性格的にも、私は周りに弱みを見せられないので、マスコミに叩かれたときなどもひとりで耐えてきました。親にすら見せていない、孤独に苦しんでいる私の姿をルルだけが知っていました。

そして、私の顔色や態度を察して、そっと寄り添ってくれていたのです。それはもう、癒されるとか、元気をもらえるといったことでは説明がつかないほど、私にとってはかけがえのない大きな存在でした。

ルルを病気で亡くしたときは本当に死んでしまいたいほど悲しくて、何も手につきませんでした。ルルが逝ってからもう2年になりますが、いまだにペットロスから立ち直れずにいます。

ペットを飼ったのはルルが初めてではなく、幼い頃から何匹も犬を飼ってきました。身近に犬がいない今の生活のほうが私にとってはイレギュラーであり、本当は飼いたくてしかたありません。

ただ、仕事で家を空けることが多く、しかもひとり暮らしです。私がいない間に何かあったらと思うと、二の足を踏んでしまいます。犬の平均寿命は12歳から15歳とされていますから、自分の年齢を考えると確実に最期まで面倒を見られるとは言い切れません。犬より先に自分が逝ってしまったら罪つくりなことですから、ためらってしまうのです。

一方で、自分に何かあったときのために、犬を引き取ってもらえる人を事前に探しておけばいいのではと考えることもあります。時間がたつほど、つまり自分が年齢を重ねるほど、犬を飼うことへのハードルが上がっていくことはわかっているので、もし犬を飼うなら今がラストタイミングなのかもしれません。

犬を飼いたい、でも飼えないと、今はものすごく心が揺れています。ただ、犬を、いえ犬に限らずすべてのペットに言えることですが、ペットを飼うにあたっては、そのぐらいの逡巡が必要だと思います。大事なひとつの命を預かるわけですから、さまざまな状況や将来を想定し、その結果、どのような形になるとしても、必ず自分が最後まで責任を取ると決断してから飼うべきです。

スマホに頼りすぎる若者たち

ちょっと気になったことがあります。それは、若い人たちの間で職場の「飲み会スルー」とか、「忘年会スルー」といった言葉が流行していることです。もちろん、新型コロナウイルスの感染拡大で「緊急事態宣言」が発令される前の話です。

お酒を飲めないのに無理やり飲まされるハラスメントが常である宴席なら、欠席は当然です。しかし、「上司に気を遣うから嫌だ」「友だちと飲むようには楽しめない」いう理由でスルーするのはいかがなものでしょう。

職場の飲み会や忘年会ぐらいでそんなことを言っていたのでは、この先、とてもではないけれどやっていけません。社会に出れば、気を遣うことや嫌な目に遭うことはたくさんあります。

それをひとつひとつクリアして、経験を積んでこそ一人前の社会人になれるのです。「あれは嫌、これも嫌」と避けて通っていれば、いつまでもひ弱な半人前のままです。打たれたり揉まれたりするのが社会であり、それを受け入れて自分を強くしていかないと、いずれどこかの場面で本当に困ることになります。

自分の気持ちや意思を尊重することは大切ですが、ただの甘やかしにならないよう、自分に厳しくなってほしいと思います。

先日、子どもたちの読解力がひどく低下していることもニュースで知ったのですが、これも気になっています。「やはり!」と膝を打ちました。

その原因はおそらくスマホでしょう。自分の周りを見回しても、若い子たちは調べ物をするのも、連絡を取るのも、暇つぶしをするのも、とにかく何でもスマホです。確かにスマホはものすごく便利なツールで、私自身も毎日活用していますが、それにしても若い子たちはスマホに頼りすぎです。

調べ物をするにしても、検索すれば瞬時に出てくるので、使い勝手がよく便利であることは確かです。とはいえ、本人は調べる努力をしていないので、その場ではわかったつもりになっても記憶には残らない、つまり知識としては身につかないのではないかと心配にもなります。

辞書で調べる、新聞や本を読む、手紙を書くなど、アナログと言えばアナログですが、もっと自分の頭と手を使わないと脳は退化する一方です。

アナログとデジタルをうまく使い分ける

私はデビュー当時から、スケジュール帳に自分でスケジュールを記入することが習慣になっています。仕事が決まった時点で、それこそ迎えの時間やスタジオ入りの時間、持っていくものまで、すべて自分でスケジュール帳に書き込みます。

旅行に行くときは、荷造りに必要なものをレポート用紙に書き出します。まず旅程をすべてシミュレーションして、新幹線に乗っている間は何が必要か、ホテルについたら何が必要か、仕事が終わってお風呂に入るときは何が必要かと、順を追っていくと、持っていくべきものが明確になります。それをひとつひとつメモして、荷造りのときに、これは入れた、あれも入れたとチェックするのです。だから、忘れ物をして慌てるということはありません。

頭の中だけでチェックすると、どうしても忘れることがありますから、やはり紙に書いて自分の目で確認するということは大切です。

今は忘れ物をして「しまった！」と思っても、たいていコンビニなどですぐに手に入る世の中です。それでも無駄な出費になるし、慌てること自体が精神的によくないので、準備は完璧にしておくに限ります。

スケジュールや持ち物だけでなく、テレビで観たり、活字で目にして感動した言葉もノートに書き留めています。ルミ子流の名言集といったところでしょうか。

たとえば、ある番組でイチロー選手が「あなたにとってプロフェッショナルとは？」という質問に対して答えた「ファンを圧倒し、選手を圧倒し、圧倒的な結果を残す、ということです」という言葉です。本当にその通りだと思います。まさに圧倒されて、その場ですぐにノートに書き込みました。

自分の心に刺さった言葉や、なるほどと思った言葉を綴ったノートを見返すと、そのたびに刺激を受けたり、ヒントをもらえたりするのです。

スケジュールなど、今はスマホやパソコンで管理するのが当たり前かもしれませんが、やはり自分自身の手で紙に書くという行為は、脳へのインプットのされ方が違うと思います。自分の手で書くからこそ注意深く確認し、そのときの思いが記憶に残るのです。

もっとも、すべてアナログがいいと思っているわけではありません。デジタルとアナログをうまく使い分けることこそが、今の時代に求められているのだと思います。

たとえば年賀状です。年賀状を出す人はここ最近、かなり減ってきているそうです。かく言う私も、昨年は忙しさにかまけて出しませんでした。

ところが、いざ出さないとなると、これはこれでいいなと感じました。日本の伝統的な風習ではありますが、やはり手間はかかります。もともと年賀状は、年始の挨拶が直接できない遠方にいる人などに送るためのものだったそうです。

だとすれば、現在は電話やメール、ラインなどでいくらでも、しかもリアルタイムでお世話になった方々とやり取りすることができます。通信ツールが進化した時代ですから、感謝の気持ちさえしっかりと伝わるのなら、無理してアナログのままでなくていいという気がしています。

そもそも年賀状に限らず、お歳暮やお中元も形ばかりになったり、嫌々贈っているようでは本末転倒でしょう。もちろん、相手への感謝や気遣いを表すこと自体はとても大切なことです。そして大切なことだからこそ、形式や時期にとらわれず、いろいろな伝え方があってもいいと思うのです。そのほうが理に適っているのではないでしょうか。

高齢ドライバーの免許証返納には疑問

最近はクルマに興味のない若者が多いと聞きます。私はクルマの運転が大好きです。運転免許を取ったのはわりと遅くて、30歳の頃でした。以来、この年齢になっても、切れ目なく運転し続けています。今のところ、運転に不安はありません。

「東池袋自動車暴走死傷事故」。87歳の高齢ドライバーが赤信号を無視して暴走し、母子ふたりを死亡させて、10人を負傷させた大事故です。ご記憶の方も多いでしょう。被害者やそのご家族の気持ちを考えると、いたたまれない気持ちになります。

高齢ドライバーを一概に否定することはありませんが、クルマの運転ではどうしても年齢の問題を避けて通るわけにはいきません。年齢を重ねると身体能力が落ちて、必然的に注意力が低下します。とっさの判断ができなかったり、ハンドル操作を間違える恐れがあることは、指摘されている通りです。

この不幸な事故がきっかけとなり、「高齢ドライバーの免許証は返納すべきか」という議論が沸き起こりました。

私は、必ずしも免許証を返納する必要はないと考えています。年齢的に不安だから乗らないと決めたら、ハンドルを握らなければいいわけで、免許証自体は身分証明にも使えます。更新しなければ自然と失効しますから、「返納する人は立派で、返納しない人は往生際が悪い」というような風潮はちょっと違うと思うのです。

私も営業などで地方に行く機会が多くわかったことですが、地方では高齢になってもクルマに頼らざるを得ない状況があります。電車やバスといった公共交通機関が充実している都会はまだしも、地方には買い物に行くにも病院に行くにも、マイカーがなければどうにもならない地域が多くあることは事実です。

個人タクシーの運転手さんなど、ドライバーとして働いて生計を立てている年配の方もたくさんいます。どちらにせよ、クルマがなければ生活が根底から崩れてしまうのです。そうした方々にまで、「もう年なんだから免許証を返納しなさい」というのは、少々気が引けます。本当に解決が難しい問題です。自動運転や自動ブレーキシステムなど、高齢者でも安全な運転が可能になるよう、クルマの進化を待つしかないのかもしれません。

私はクルマ移動が基本なので、電車やバスに乗ることはあまりありません。それでも、電車の優先席に元気な若者がふんぞりかえって座っていて、お年寄りが目の前にいても席を譲らず、見ていて不快になったという話はしばしば耳にします。

本来なら、優先席でなくともお年寄りが目の前にいれば席を譲るのが当たり前ですし、そもそも私なら空いていたとしても優先席には座らないでしょう。

お年寄りにしても、混んでいる時間帯にわざわざ電車に乗るのですから、やむにやまれぬ事情があるはず。それを忖度《そんたく》できるのが大人の常識というものです。

そうした場面に遭遇したことがないので仮定の話になってしまいますが、もし遭遇しても私は別に気にしないと思います。その若者は、優先席の意味すらわからないと思えばいいだけのことです。スマホなどに夢中で、お年寄りが目の前にいることすら意識にないはずです。そんなレベルの低い相手にイライラしても無意味です。

正義感を振り絞って「譲ってあげれば？」と言うのも、最近は物騒な世の中ですから二の足を踏むのもよくわかります。

本当に残念なことですが、今の社会では何も言えなかった自分の弱さを認めるしかないのかもしれません。席を譲らかなった相手のことを、いつまでもグチグチ気にしたところで埒《らち》が明かないし、不快な気分を引きずるだけです。もっと社会が成熟して、誰もがお年寄りに優しい時代が来ることを願ってやみません。

介護は親に恩返しするいい機会

私たちくらいの年齢になれば、親の介護を避けて通ることはできません。
実際に、親の介護でご苦労をされている方はたくさんいますし、親子関係もさまざまですから一概には言えませんが、私自身の経験からすれば、親の面倒を見られるのはとても幸せなことです。

親の面倒を見られるぐらい、自分がきちんとした大人になれたのは、そこまで育ててくれた親のおかげです。介護は恩返しの機会でもあるわけで、面倒くさいとか、厄介だとか言うのは恩知らずもいいところでしょう。それに、早くに親を亡くしたり、事情があって親の世話をしたくてもできない人もいるのです。

私の経験をお話ししましょう。ある日、福岡の病院からかかってきた1本の電話で、私は母ががんに侵されていることを知りました。母は気丈な人でしたから、私に迷惑をかけることを嫌って、ひとりで入院手続きまで済ませていたのです。

とるものもとりあえず福岡の病院に面会に行くと「わざわざ来んでよかとよ。すぐ治るけん、早く帰んしゃい」と、軽口を叩きます。私は母のそばにいて看病したかったので、「こういうときこそ恩返しをさせてよ」と泣きながら2時間も説得して、東京の病院に転院させました。私も母の病室に寝泊まりし、そこから仕事に通っていました。

幸い抗がん剤がよく効いて、2カ月ほどで退院して福岡に帰ることができましたが、完治したわけではありません。その後も福岡の病院で入退院を繰り返し、私も仕事の合間を縫っては福岡に行き、母を見舞ってはとんぼ返りという日々が続きました。

そして忘れもしない、2006年12月22日のことです。浜松でディナーショーのリハーサルを始めようとしていた私は、病院から「危篤です」という電話を受けました。すぐにでも福岡に飛んで行きたかった。でも、仕事を放棄することはできません。どうしてこの日に旅立つことを選んだのかと、号泣しました。

私は先生に「これから音合わせをするので、母の耳元に受話器を置いていただけませんか、最期に私の歌を聞かせてあげたいんです」と電話でお願いして、「瀬戸の花嫁」を歌いました。先生は「お母さまはとても安らかな笑顔で息を引き取られました。きっとうれしかったと思いますよ」と言ってくださって……。それからはもう涙が止まりません。

こんな精神状態でステージには上がれないし、涙で目も腫れ上がっています。「もう無理、やりたくない。ステージには立てない」とごねました。これまでの芸能生活で、あんなにごねたのは、後にも先にもこれ一度きりです。

母にはもっと甘えてほしかった

ところが、開演30分前のことです。「いや待てよ、これは母の最後の教えなんだ」と、思い直しました。

「プロである以上、どんなことがあっても笑顔で歌いなさい、お客さんを失望させてはいけない。楽しませなさい。それがプロよ、ルミ子」と。母は私を試しているのだと思いました。やるしかありません。

スタッフにお願いして、客席のいちばん後ろに小さな丸テーブルを置き、白いテーブルクロスをかけて、一輪の花を飾ってもらいました。キャンドルをひとつ灯してから、私はステージに上がりました。涙をこらえ、母の死をお客さまに伝えず、最後まで笑顔でやり遂げたのです。その日のステージを母はきっとほめてくれたでしょう。

2ステージを終えたときにはもう飛行機はなく、とりあえずクルマで自宅に戻り、翌朝の朝一番の便で福岡へ。病室に駆け込み、母との最期の対面を済ませてから、主治医の先生とお話ししたとき、ここでもまた母に驚かされました。

というのも、先生が「自分は長く医者をやっていますが、こんな患者さんは初めてです」と切り出されたのです。何かやらかしたのかと一瞬ドキッとしましたが、「ご自分ですべての費用を払われました。本当に立派な方でした」と言われたのです。どこまでも他人に迷惑をかけることを嫌い、娘にも甘えない人でした。

私のステージを観に来るにしても、自分でチケットを取って、飛行機や新幹線、ホテルまですべて自分で手配するのです。頼んでくれればいいのに、私に頼めば、私がマネジャーに頼むことになるから、マネジャーさんの負担になると言って、頑として私に頼むことはありませんでした。

そうした母の芯の強さや凛とした姿勢を改めて思い出し、この人の娘に生まれてよかったと、心から尊敬と思慕の念がわきました。

本当は、娘の私にもっともっと甘えてほしかった。でも私に甘えることは、母にとって逆に負担になるだけだったのでしょう。やっぱりあれでよかったのだと今は思います。私はできる限りのことはしたつもりです。死に目に会えなかったことは本当に残念ですが、後悔はまったくありません。

私自身はそんな辛い経験をしましたが、人にはそれぞれ事情があります。親を特別養護老人ホームなどの施設に入れることや、介護ヘルパーさんなどの手を借りることを悩んだり、体裁が悪いと思ったりしているようなら、それは違います。

確かに、自宅で親の面倒を見られるのは幸せなことです。しかし、どうしてもそれが許されない場合だってあるでしょう。負担を一身に背負えば、自分自身が潰れてしまいます。利用できるものは利用する、借りられるものは猫の手でも借りるべきです。要は自分でできることを心を込めて悔いのないように、精一杯すればいいだけのことです。

私はひとり暮らしですから、いずれは介護施設のお世話になる可能性があります。今はまったく想像できませんが、その必要性に迫られたときは、入所を即決すると思います。

わがままを言ってひとり暮らしを続けるなんて言語道断です。周りに迷惑をかけるようなことはしたくないのです。いわゆる「終活」も全然していませんが、お墓だけは決めておかなくてはと思っています。

両親のお墓は福岡にあります。今はもう、ときどきお墓参りに行くぐらいで、お寺さんにお任せしている状態です。福岡には親戚も親しい友人もいないので、帰るつもりはありません。私は東京に骨を埋めるつもりです。

両親は、特に母は福岡から離れたくない人でしたから、東京に連れてくるのはかわいそうです。大好きだった福岡でゆっくりしていることでしょう。

死は運命だから受け入れるしかない

これまでお世話になったり、仲よくしていただいた方たちが、ここ最近、立て続けに彼岸に旅立ってしまいました。言葉ではとうてい表せない悲しさと悔しさ、喪失感でいっぱいです。同時に、自分も死が他人ごとではない年齢になったことを痛感しています。

ただ、今の私は自分自身の死に対する恐怖はありません。以前、自宅で猛烈な胃痛に見舞われ、ひとり暮らしなので、このまま孤独死するのかなと思ったことがありましたが、そのときも怖いとか寂しいといった気持ちはわきませんでした。これで死ぬなら、それが私の運命なのだからしかたない、受け入れようと、頭の中は淡々としていました。

唯一気になったのは、周りに迷惑をかけてしまうかもしれないということです。実際、仕事が休みのときに突然死したら、発見が遅れて腐敗が進んでいることもあり得ます。そうなったら発見してくれた方や、事後処理してくれる方には申し訳ないと思うのです。

この先どんな心境の変化があるのかは、自分でもわかりません。一年後にはものすごく死に対して怯えているかもしれないし、そもそも心境の変化云々の前に死んでいる可能性だってあるのです。

よくわからない先のことより、確かな「今」が私にとっては重要です。そして、今の私にはやるべきことや、やりたいことがたくさんあります。毎日が忙しくて、死を怖がっている暇などありません。

死は誰にでも必ず訪れます。避けようがないからこそ、そのときが来るのを怯えて過ごすより、そのときが来るまでの間を充実させることに目を向けたほうが、実り多き人生になるはずです。

以前は、ステージの上で死にたいと思っていました。それではちょっと格好がよすぎますし、お客さまにも迷惑がかかってしまうので、今は大好きなサッカーを観ながら死ぬのが理想です。

新型コロナ禍でもプラスを見出す発想

デビュー50周年の記念にと、この本の執筆を始めたのは2019年冬のことです。それからわずか半年後……。新型コロナウイルスの感染拡大によって、そのときには思いもよらなかった世の中になってしまいました。

日本だけでなく世界中で多くの方が新型コロナウイルスによって亡くなり、しかも亡くなったあとも感染予防のため、故人との最期のお別れすらままならないという状況に心が痛みます。誰もが感染する可能性があるだけに、「死」はこれまで以上に身近な存在になったと言えるかもしれません。

それでも前項でお話ししたように、私自身は死への恐れは依然としてありません。もちろん、「自分がコロナに感染しない、人にもうつさない」が大前提ですから、感染予防対策はしっかりしています。とはいえ、死生観や人生観といった大きな視点はこれまでと同じです。それはおそらく私が過去に2度、本気で自殺を考えたことがあるからでしょう。

1度目は、20代後半の頃です。プライベートでは恋愛関係のもつれで悩み、仕事では新曲を出しても出しても売れないという苦境にあり、まさにダブルパンチでした。特に仕事は、私を支えてくれる事務所やレコード会社のスタッフたちの苦悩がひしひしと伝わってきます。そうなると余計に焦りも出るし、売れないことへの責任も感じて自分を責め続けました。仕事も恋もうまくいかない毎日に疲れ果て、ついつい「いっそ楽になりたい」と思ってしまったのです。

2度目は、離婚後に猛烈なバッシングを受けたときです。私からのコメントを控えたのが、かえって火に油を注ぐ形になったのでしょう。それこそ誹謗中傷の嵐で針のムシロ状態でしたから、「いっそのこと」と思い詰めました。

でも、やっぱり死ねませんでした。本当に辛くてしんどかったのですが、親より先に自ら命を絶つこと以上の親不孝はありません。与えられた命を粗末にしてはいけない、と気づいたのです。それからは、いつ死んでも悔いがないように生きていこうと強く思い、そのスタンスをこれまで貫いています。だから新型コロナに対しても、ただ怖がるのではなく、自分にできる対策を徹底的にしつつ、「今日」という一日を大事にしています。

新型コロナ禍にあっても、何か特別なことをしているわけではなく、手洗いとうがいをまめにして、不要不急の外出をしないこと以外は生活そのものにさして変わりはありません。その中で、いただいたお仕事に感謝し、ひとつひとつ全力でこなし、家ではストレッチや筋トレに励むという、これまで通りの毎日です。大切なのは自分のやるべきことをきちんと果たしながら、自分なりの楽しみや癒しを持つことだと思います。

ただ、これまでほとんど外食中心だったので、食事にはちょっと困りました。料理をすること自体は好きですが、仕事がらそう頻繁には買い物に行けません。何より私自身が感染したら、これまでの努力も水の泡というか、元も子もないので、10日に1度ぐらいの買い物で何とかやりくりしています。

外食できないことや、買い物になかなか行けないことがストレスかというと、それは違います。不便は不便ですが、今はそれが必然な状況です。この状況がいつまで続くかはわかりませんし、生き抜くためには心を柔軟にして受け入れるしかないのです。

新型コロナによって日常は様変わりしてしまいましたが、その変化を嫌だとか息苦しいとか文句を言ったところで始まりません。この状況が収束するには、有効なワクチンや特効薬が開発されて、全世界に行き渡る必要があります。それまで4~5年はかかると言われていますし、その間は基本的に耐え忍ぶだけです。だったら、耐え忍び方を工夫するというか視点を変えて、マイナスではなくプラスを見出す発想をすべきです。

私の場合で言えば、大好きなサッカーでも新たなプラスを見出しました。日本はもとより世界中でサッカーリーグは中断や延期が続きましたが、だからこそ、これまでの名試合や名選手のプレーを再放送で観ることができ、「さすが」と感嘆したり、「なるほど」と学んだりで、得ることばかりでした。

ドイツのブンデスリーガが再開したばかりの頃、もちろん感染予防のため無観客試合でした。そのことに対して「応援のないサッカーなんかサッカーじゃない」と言う人も多かったようですが、私は無観客だからこその発見がたくさんありました。

まず、2カ月ぶりにプレーができる喜びにあふれた選手たちの笑顔や真剣な顔を、じっくり見ることができました。普段なら歓声にかき消されて聞こえないボールを蹴る音や、選手たちがぶつかり合うボディコンタクトの音まで鮮明に聞こえてくるのです。

控えの選手たちがユニフォームと同じ柄や色のマスクをして、ソーシャルディスタンスを保つためにベンチではなく観客席からピッチをじっと見つめていたり、カメラクルーがマスクをしながら必死に撮影している姿が映っていたり……。そうした様子にいつもとは違う興奮や感動を発見して、涙ぐみながら夢中になって観戦しました。

サポーターの大歓声がないぶん、逆にワンプレーを集中して観ることもできます。無観客だからこその新しい発見もあるのだと、しみじみ感じました。

無観客で試合をすると、「選手たちはやる気が出なかったり、手を抜いたりすることもあるのでは」と勘繰る方もいらっしゃるでしょう。しかし、それはないと思います。というか、そう信じています。プロですから。

ジャンルこそ異なりますが、私も人前でパフォーマンスを披露するプレーヤーのひとりです。その観点から言わせてもらえれば、どんな状況でもベストを尽くすのがプロです。何のためにパフォーマンスをするのかと言えば、自分自身やスタッフのため、お金のためでもありますが、それ以上にお客さんのためです。

私も過去に１０００人収容のホールで、観客が２００人も入っていないなんてことは、ざらにありました。しかしお客さんが何人だろうと、ステージが始まったら全身全霊で臨むのがプロというもの。プロとしてお金をいただいている以上、それが当たり前です。

選手たちのひたむきなプレーを観ていると、きっと私と同じような気持ちでいるのだなと感じます。無観客試合ではあっても、テレビやPC、スマホの画面を通して応援してくれているお客さんの存在を心に留めながら、自分にできる最高のパフォーマンスを発揮していると確信しています。

逆に言えば、無観客試合で明らかに手を抜いている選手がいるなら、その人にプロを名乗る資格はありません。歓声がないと本来の力が出ないなどと言っているようでは全然ダメです。その意味では、無観客試合は、本物のプロと偽物のプロを見抜くふるいになったと思います。

男性としても尊敬していた「けんちゃん」

新型コロナウイルスについては、やはり志村けんさんがお亡くなりになったことがいちばん大きな衝撃でした。いまだに信じられない思いです。

いつもそう呼んでいたように、ここでも「けんちゃん」と呼ばせていただきます。けんちゃんがこんな形で逝ってしまったことが悲しくて悔しくて……。追悼番組もたくさん放送されましたが、それを見るたびに涙が止まりませんでした。

けんちゃんとは本当に長いご縁があり、私が18歳、けんちゃんが21歳のときからの付き合いです。出会った当時、私は「小柳ルミ子ショー」と銘打ったコンサートで全国を回っていました。そのコンサートの前座を務めてくれたのが、ザ・ドリフターズのボーヤ（付き人）をしながら、「マックボンボン」というコンビでも活動していたけんちゃんでした。その頃から彼の笑いのセンスは抜群で、いつも舞台袖からマックボンボンのコントを夢中で見て、笑い転げていたことを思い出します。

その後、けんちゃんはザ・ドリフターズの正式メンバーになり、「8時だョ！全員集合」が始まりました。「全員集合」はTBSと渡辺プロがタッグを組んで制作した番組ということもあり、私もよくゲストに呼んでいただきました。中でもけんちゃんとの夫婦コントは好評で、何度共演したか数え切れないほどです。

「8時だョ！全員集合」のコントは、ザ・ドリフターズのメンバーや制作スタッフたちが何日もかけて完璧に作り込んだものでした。ところが、なぜか夫婦コントの台本だけはざっくりした設定以外は白紙。つまり細かい内容やセリフは、けんちゃんと私のふたりにお任せだったのです。

基本となるアイデアはけんちゃんが出してくれましたが、そのアイデアをもとに、「これはどうかな?」「いいと思う。でもここはもっとこうしたほうが……」といった具合に、ふたりで意見を交わしながら作り上げていきました。それだけにひとかたならぬ思い入れがあります。「ルミ子は何をやっても怒らないからから、本当にやりやすい」とけんちゃんにほめてもらえたこともうれしい思い出です。

目の前でけんちゃんが本当にオナラをするなど、夫婦コントはかなり過激な内容で、下品と言えば下品なものもありました。ところが、「全員集合」に限らず、ほかの番組でもそうでしたが、けんちゃんのコントは、不思議なことにどれを見ても嫌な気持ちになるどころか、思わず爆笑してしまいます。

それは、けんちゃんの笑いには、観てくれるお客さんや共演者、スタッフへの「愛」が根底にあったからだと思っています。愛と言うと大げさなら、みんなで楽しもう、大笑いしよう、という思いやりや優しさがあったのです。

何より、けんちゃんの笑いは言葉だけに頼るものではなく、表情や身のこなし、そして音楽をうまく組み合わせたもので、誰が見ても、それこそ小さな子どもや外国の人が見ても、おもしろさがわかるものでした。「全員集合」の大人気コーナーだった「ヒゲダンス」などは、まさしくその代表と言えるでしょう。

けんちゃんの笑いの質はちょっとレベルが違うというか、別格だったとしか言いようがありません。コメディアンやお笑い芸人というより、彼は「表現者」でした。あんなに聡明で天分の豊かな表現者は、この先なかなか現れないと思います。

けんちゃんとは、プライベートでもよくご飯を食べに行きました。お互い犬が大好きなので犬の話で盛り上がったり、私の家に遊びに来てくれたことも。私が渡辺プロから独立したとき、立ち上げた個人事務所の名前を付けてくれたのもけんちゃんです。ネーミングをお願いすると、多忙にもかかわらず二つ返事で引き受けてくれました。その名も、心を惹きつけるものという意味の「テンプテーション」。けんちゃんは勉強熱心で努力家で、とても博学でした。そして、ひとりの男性としても尊敬に足る、素晴らしい方でした。

ディナーショーやコンサートでは、持ち歌以外にカバー曲を歌うことがあります。その楽曲選びに困ったときも、けんちゃんに相談していました。もともとバンドマンということもあり、あらゆるジャンルの音楽に精通していたのです。いつも的確なアドバイスをくれて、本当に助かりました。

こうやってけんちゃんのことを思い出していると、改めて素晴らしい才能の持ち主であり、努力した天才だったと痛感します。けんちゃんのボーヤ時代、マックボンボン時代から、彼が陰でどれだけ勉強して、苦しみながら独自の笑いを生み出してきたかを知っているだけに、よけいその思いは強くなるばかりです。

そんなけんちゃんを奪っていったコロナが憎くて悔しくて……。同時にこのウイルスの恐ろしさを実感しました。そこから新型コロナウイルスに対する認識が変わったのは確かです。根っからの分析魔ということもあり、テレビでも新聞でも「コロナ」と付いているものは、ほとんどチェックしています。

新型コロナウイルスについての報道は本当にピンキリです。信頼の置けるものから根拠のないガセネタまでさまざまに飛び交っているからこそ、どれが正確な情報なのかを精査し分析して、突き詰めることが求められます。そうやって新型コロナウイルスそのものの実態や、日本はもちろん、世界の感染状況や予防対策・治療法などをきちんと把握していれば、新型コロナウイルスと共生していけるはずです。恐れるばかりではなく、正しい知識を身につけて感染予防に努めるべきでしょう。

私が身を置くエンタメの世界でも、現時点（２０２０年９月）では、新型コロナウイルス感染の影響でリモート出演や、コンサート会場の入場制限などが続いています。「元に戻る」と考えるのではなく、エンタメの世界も新しいスタンダードを確立すべき時期なのかもしれません。

おわりに

芸能生活50周年を迎えることができたのは、応援してくださるファンのみなさまと、支えてくれるスタッフの存在があってこそです。本当に感謝しています。

デビュー、独立、結婚、離婚……。楽しいこともありましたが、死ぬほど辛いことも多かった50年でした。みなさんへの感謝と同時に、決して順風満帆でなかった中、私自身もよくがんばったと、自分で自分をほめたい気持ちです。

ファンとスタッフとタレント本人、それは三位一体であり、どれかひとつ欠けても私の芸能生活は長くは続かなかったでしょう。実際、いくらファンの人が応援してくれても、タレント本人にやる気がなければお話になりませんし、タレント本人はやる気があってもスタッフがタレントの才能や個性をうまく引き出せなければヒット曲など生まれません。また、タレントやスタッフがいくらがんばったところで、ファンの応援がなければ成立しないのが芸能界というところです。

何よりも大事なこの三位一体を忘れてしまったときが、タレント生命の終わりを迎えるときです。自分の力だけで売れた、スターになったと思っているようでは、いずれ芸能界から消えていきます。

68歳といえば、一般的には「高齢者」と呼ばれてもおかしくない年齢です。でも私は、年齢に負けたくありません。「もう68歳と思うか」「まだ68歳と考えるか」は、意識の持ちようです。「もう68歳」と思ってしまえば、そこで成長は止まってしまいます。私は「まだ68歳」ですから、お客さまがいる限り、まだまだ歌って踊り続けます。

最後になりましたが、本書の構想、執筆中に新型コロナウイルスが世界中で猛威を振るい、多くの方がその犠牲となってお亡くなりになりました。日本の芸能界では親友だった志村けんさん、そして岡江久美子さんが、あまりにも突然に天国へと召されてしまいました。本当に残念で、悔しくてなりません。心よりご冥福をお祈り申し上げます。

令和2年9月吉日

小柳ルミ子

小柳ルミ子

1952年、福岡県生まれ。1970年に宝塚音楽学校を首席で卒業し、NHK連続テレビ小説「虹」で女優としてデビュー。翌71年には「わたしの城下町」で歌手としてもデビューし、160万枚を超す大ヒットに。同曲で第13回日本レコード大賞最優秀新人賞を受賞。翌年には「瀬戸の花嫁」で第3回日本歌謡大賞を受賞する。82年には映画「誘拐報道」で第56回キネマ旬報ベスト・テン助演女優賞と第6回日本アカデミー賞最優秀助演女優賞、83年には「白蛇抄」での迫真の演技で第7回日本アカデミー賞最優秀主演女優賞を受賞するなど高い評価を受ける。テレビでも活躍し、「家なき子」(日本テレビ系)、NHK大河ドラマ「琉球の風」「西郷どん」などに出演。バラエティー番組「8時だョ!全員集合」(TBS系)では、ゲストとして最多出場回数を記録。リリースしたシングル曲は56作品、NHK「紅白歌合戦」には18回出場している。サッカーファン歴は16年で、年間約2000試合を観戦。サッカーについての著作もある。

もう68歳と思うのか、まだ68歳と考えるのか

第一刷 ――――2020年9月30日

著者／小柳ルミ子

発行人／小宮英行
発行所／株式会社 徳間書店
〒141-8202　東京都品川区上大崎3-1-1　目黒セントラルスクエア
電話／編集 03-5403-4350　販売 049-293-5521　振替／00140-0-44392

企画協力／株式会社プラチナムプロダクション
構成／水谷麻衣子
カバー撮影／橋本雅司
スタイリング／イケガミ ジュンコ
ヘアー＆メイク／吉野節子

装丁・デザイン／和田光司(ワダコウジデザイン事務所)
印刷・製本／中央精版印刷株式会社

ISBN978-4-19-865095-7